Right now

簡淑玲的立刻學

成就夢想，面對弱點，突破瓶頸的實踐之路

人物：陳敏薰 WEPEOPLE東西名人雜誌｜攝影：A New

Beauty

彩妝概念

俐落的企業形象，以眼神來強調其專業性，
在群雄之中展現非凡的氣場。

她的妝，會說話

前台北一〇一董事長　**陳敏薰**

我於二〇〇四年五月接任台北一〇一董事長，是台北一〇一完成興建後的首任董事長。

撰寫此序文的此時，正是全球籠照在新冠肺炎恐懼之際，這令我想起了當時二〇〇三年SARS在台灣發生時，台北一〇一的購物中心正要開幕之際所面臨的許多艱難挑戰。

二〇〇一年美國發生九一一攻擊事件，超高大樓在那之後的好長一段時間是極不受歡迎的；二〇〇三年又發生SARS；這對剛要步入營運階段的台北一〇一實在是雪上加霜。

在台北一〇一剛蓋好，要招商之際，身為當時全球第一高樓的辦公大樓部分，有近一年半的時間招商率是零；二〇〇三年又發生SARS，位處台北最精華地段的台北一〇一購物中心，竟無法招滿承租戶，最希望邀請來進駐的品牌也幾乎不是刁難，事事沒有商量的餘地，就是必須簽下極為不公平的承租條件，然而即使如此，台北一〇一的購物中心還是沒能在正式開幕前招滿購物中心承租戶。

在靜心思考要如何翻轉當時於辦公大樓與購物中心的困境後，我決定把台北一〇一整體當成一個品牌來經營，我希望把經營台北一〇一不只是經營一棟超高樓，而且是進一步把台北一〇一塑造成一個品牌，一個地標：讓一流的國際公司來台灣設分公司時，台北一〇一辦公室是首選；讓一流的國際品牌來台灣設點時，以能在台北一〇一購物中心有設點是他們引以為傲之事。

在一步步把當時的台北一〇一從許多人口中的不受歡迎的靈骨塔逐步變身成為台灣的地標過程中，在購物中心的對外接觸部分，我把自己當成是活動的台北一〇一，由我自身的每一個細節，來展現我希望表達給大眾的對於台北一〇一購物中心的認知。

淑玲在台北一〇一的品牌形象塑造上，成功地協助我扮演好最稱職代言人的角色。她的妝，會說話。她的巧手，可以完全精確表達我希望傳達出去的語言。

在認識淑玲時，她在自己的專業領域已是數一數二，她的專業與她的為人的強烈對比，給我留下非常深刻的印象。淑玲對專業的要求多而近苛刻，在協助我打造我所要的品牌形象的過程，我所提出的各種要求與挑戰，她全部欣然接受。私下與她相處不談其專業時，她的話卻是出奇少，完全沒有大彩妝師的架子，對任何人都是親切而隨和，永遠樂於學習新的挑戰。

在淑玲身上，我看到了少見的具一流國際水準的專業彩妝素養，也看到了東方女性極度含蓄謙虛的美。

我想正是如此，我們一直是好朋友，她一直是我很珍惜的一位知己。

她的故事，值得細細品味。

當眼與心被啟動，便是見證奇蹟

富邦藝術基金會執行長　**翁美慧**

淑玲出書了，拜讀過後心有戚戚焉……

如此審視來時路的從容，代表了現在的信心。能以自己為例，不藏私地分享，是最難能可貴的心意！

我們都知道最棒的魔術師，除了技巧之外要懂得抓住觀眾的眼睛，所有的思考都由觀眾的視角出發，而不是自己的眼界。淑玲書中提到在英國求學期間，除了開放的教育模式讓她大為衝擊外，建築、美術館、教堂、甚至蘊藏了各種知識的圖書館，都成為她的充電站，流連其間得到大大的滿足。我完全可以理解她的執迷，這些領受讓她的視角由平面技術進入到立體創作，這些養分讓她感受到真正對於光線、顏色與結構的組成，也就是說，她體驗到「美」的感動。

回應到她的工作時，聰明的她有了不同於平面的想像，她開始懂得審視每一張臉的比例以及對象的角色與內在，配合造型與燈光綜合性的呈現！所以她可以如此不一樣，我常笑說，淑玲對我而言就是特效的解藥，她總是可以不著痕跡地抓住眼神與表情，然後在鏡頭下立體呈現——讓我一試成主顧。

人物：翁美慧

Beauty

彩妝概念

這是一場慈善公益活動，黑與紅是永久不敗的大方色彩，與企業家的熱情、藝術氣質，呈現強烈而完美的搭配。

這樣的過程其實在我的生命歷程中也同樣經驗，要在哪一面牆掛一幅畫，我會不斷地來回在動線上走動，想像所有行經此處的人的感受，牆的顏色、光線、材質、周邊所有的空間狀態、家具等，我要畫作不是展示品而是會和空間對話的創作。作品上牆後，白天黑夜我會仔細觀察調整，觀察所有人對於這些空間與作品的反應。二十多年的藝術基金會工作，我享受其間，超越典藏與投資，而是策劃的創意與巧思，分享對於顏色、光線、構圖的無限可能，因此二十年光陰轉眼一瞬。

如同淑玲的彩筆，輕重明淡已超越技術的侷限，她敏銳的觀察力，可以在閒談之間就輸入腦中成為比例與構圖。身為彩妝師，但她考慮的範圍，包含服裝，配件、角色性格，以及現場的燈光，是全面性的思維；她的理解與詮釋，透過「精準」的要求，如同一位參與創作的藝術家，這份投入與用心獲得共鳴與青睞是一定的！

我常想，像我們一樣在視角當中存放的完美性格，是否是天生所賦予的能力，還是一般人認為的吹毛求疵？凡事要求細節，講究而不將就，自律地在工作與生活當中找到秩序，以便有更充裕的時間與機會滿足好奇心與探索。

亨利・馬諦斯在他的自述中說「我所獵見的在我手中讓你看見」，創作是把眼睛所見用心感受、用手表達，只有雙手沒有眼睛和心的只是一具機器。我希望分享淑玲，彼此互勉並感謝眼和心被啟動的恩典。

古有訓：「天道酬勤！」謙虛的淑玲一再地在書中提到自己的平庸，僅靠自律與學習如今有一番成就，希望成為所有讀者的參考！鼓勵大家在努力當中成就不凡。其實依我看不然，淑玲是務實的，也具備了過人天分，試想有幾位彩妝師會在美術館的畫作前一坐數小時，又有誰會在建築當中看到光線的對應，誰又能在教堂中凝視彩繪玻璃的顏色與其間的人物無法轉睛！當眼與心被啟動，也就見證奇蹟的過程。

勤奮的人總是有更多的準備與機會，將上天所給予的靈光成為炙熱的花火，讓自己於當中不斷轉身蛻變。即知即行「Right Now」，機會留給有準備的人，這是亙古不變的真理，勤勉的人總是可以未雨綢繆，期待淑玲的再進化。感謝淑玲在我人生最重要的時刻，讓我亮麗面對，每一個幸福與感恩的畫面永誌不忘。祝福。

人物：蔡依珊　攝影：林炳存

Beauty

彩妝概念

甜美氣質是大家對她的印象，私底下她是一位非常有個性的女生。笑容往往是最棒的彩妝，我只是順其自然讓所有的條件，呈現她如同一朵開朗燦爛的花朵。

不害怕面對弱點，才會勇敢追夢

炆久之芯創意總監　**蔡依珊**

我認識的淑玲，是一個不斷在「行動」的人。

在她的身上，你永遠可以感受到一種滿溢的熱情，曾經有幸跟她一同共事，信任她對於美的專業是無可挑剔的好。而在態度上更是讓人驚訝，工作過程中她不只顧好我的妝容，更仔細地替我看顧每一張拍攝的照片，讓我很放心。不管是對服務對象的貼心、工作團隊的要求、客戶臨時的危機處理，她總是能用她無比的行動力安排得天衣無縫，這不只呈現了她在人生中的完整度，更讓人對她背後的故事感到好奇。

原來，她也是一個懂得去面對「弱點」的人。

每個人都會下意識地去逃避自己不好的部分，越是忽略便會讓「弱點」更為明顯，她卻懂得用不同角度去面對這個課題，甚至願意付出時間去駕馭它，這不但需要自省的勇氣，更需要克服它的決心。我看到她才知道優秀的人從來不需要去害怕自己的弱點，這是她給我很大的啟發，因為如果我們不懂得堅強，那我們的懦弱又該給誰看呢？

《簡淑玲的立刻學》推薦給每一個曾經有夢想的你，可能因為生活環境的現實改變了你的方向，或者你有目標但仍然猶豫不決——看完這本書，你會立刻朝著你的理想前進。淑玲邁向彩妝大師的經驗分享，鼓勵著每一個有抱負但是躊躇不前的你，立刻行動並堅持初衷。

淑玲，她是一位厲害的彩妝大師，在我心裡更是一位砥礪篤行的夢想執行家。

在每個作品中，看到靈魂

Du Rhône Chocolatier負責人　**李坤儀**

認識淑玲近十個年頭，也很幸運地有她參與了我許多重要的時刻。

除了工作時一貫的認真，淑玲更讓我印象深刻的，是她無論在工作或者生活上，總是那麼充滿熱忱，努力地全方位吸收新知，累積自己的底蘊。看完書後我才知道，這是她從學生時代就養成的習慣。更重要的是，她願意面對自己的不足，與自己對話；也讓她在面對工作對象的時候，能夠更貼心地與對方溝通。這一切，讓她在技術上加入了思考，從需求出發，在每個作品裡，看得到靈魂。

書裡最讓我感動的，是她提到自己當助理時每天不停地做一樣的練習，練就一身本事，也常用這個經驗勉勵後輩。在這個普遍缺乏耐心、事事講求速度的時代，似乎忘了所謂天才，其實往往就是重複做最多次的人。淑玲的成功再次印證了這句話。

很榮幸有機會多認識淑玲一些，希望藉著這本書，你們也可以像我一樣，從淑玲身上體會如何努力擁抱生命，學習它要教我們的事。

Beauty

彩妝概念

這是以企業家為採訪對象，刊載在雜誌上的封面，自然舒服的妝感讓企業家呈現又溫柔又堅定的質感。

人物：李坤儀
照片授權 Tatler Taiwan／攝影楊川宏

Beauty

彩妝概念

這一次的封面主題有繁花盛開的感覺，每一朵喜洋洋的花都有各種層次的紅，所以希望烘托出唐老師的橘色氣色。

十九年的合作，我們一起進步

占星專家　唐綺陽

近「十幾年」來，只要是出席重要活動、場合，或拍新書封面，都是淑玲打理我的門面，長期的工作關係，使我們成了很好的朋友。

每年的運勢書拍攝對我來說很重要，固定出書的十九年裡，拍了十九次封面，這麼長時間，團隊成員來來去去，一下攝影師換了，一下髮型師換了，一下封面設計換了……只有兩大奇葩從沒換過：一是淑玲，一是內頁版面設計與插畫家小元。他們都是自從《二〇〇七年運勢大解析》合作以來，從沒脫隊的夥伴，原因無他，只因他們都是屬於專業、追求變化、不斷精進、自我要求很高的人，跟這樣的人合作，根本不需要提要求，他們就自動把最好的提供出來，成品也一直在水準之上，甚至不斷突破，這種「大家一起進步」的感覺真好。

很高興淑玲把她這一路如何走到這個境界的心路歷程寫下來，這是很寶貴的分享，對想從事美的行業的後進，是很好的提點。淑玲的成功，除了她不斷精進自己的美感、品味、技術這些外在因素，也跟她為人細心、體貼、周到有關。令人深感，人會成功，一定是多方元素疊加，除了足夠努力，也懂得珍惜、抓住、發揚天賜的機會而成就了不凡人生。

祝福淑玲繼續在美學的路上發揮雙子座的好奇心，成為美的代言人。只要我還得拋頭露面，就需要妳的多多幫忙、指教，看來，我已經不能沒有妳啦。

人物：曲家瑞
《曲家瑞痛快人生關鍵字》封面照（大田出版）

Beauty

彩妝概念

拍攝書籍封面時，編輯告訴我角色的性格，學生的、叛逆的、搞怪的，而我眼中的曲老師是非常有女人味的，所以彩妝的重點我常以柔和的線條凸顯曲老師內在的女人味。

創造個性美的堅持

藝術家／作家　**曲家瑞**

那是二〇一五年，第一次見到簡老師，她一頭烏黑、俐落的短髮，筆挺的白衫、黑長褲出現在我面前。在這之前，已經仰慕她好一陣子，怎麼說呢？娛樂圈大家都耳聞，她是天后、女神級御用彩妝師，很多人都希望能夠與簡淑玲這號人物合作，因為她的妝很不一樣。

她全身散發著一種特別的質感，剛柔並濟，堅定的眼神和一股傲氣，我們倆眼睛對到的那一刻，就知道她將會給我，屬於曲家瑞獨一無二的樣貌。

那天要拍我的新書封面照，簡老師先花了點時間琢磨我的輪廓，接著開始畫了左半邊的臉，再帶著我觀看鏡中的自己，對照兩邊臉的差異，接著進行右半臉的妝，過程中，一邊畫一邊要我注意五官的變化，還依據我的特質找到最match皮膚的配色，老師的手輕輕柔柔，整個妝超薄透亮，彷彿藝術家在塑一件會呼吸的雕像。

每畫下一筆，老師的眼睛就像掃描器般，來回不停地在整張臉各部位移動，我感受到她很重視光影對妝容產生的細微變化，因為臉是一個立體的結構，必須從各個角度去體現這個妝。對於美的定義與創造個性美的堅持，是她最獨到，也是我最佩服的。

於是，我的眼神不再銳利逼人，它們會微笑、會說話，眉宇間那股靈氣，只有簡老師才捕捉得到。拍攝前，她很仔細看著鏡頭裡的我，確認燈光打在臉上的效果，最後才抹上那屬於我的絕對唇色，從大膽嬌媚的紅，時尚普普的橘到成熟優雅紫，每一款都精準到位。

那一次的彩妝經驗是我從沒有過的，私底下也從未跟老師說過那天的感受，事隔多年，如今回想起來，我心裡滿滿感謝，覺得自己很幸運。她帶著我體驗一遍她的創作歷程，讓我看見自己的蛻變，老師還是第一位鼓勵我秀出長腿的人，她說：「妳要多看自己的優點，把最好最強的特質拿出來，盡情發揮！」

同樣身為創作人，我們的頻率接近，成為了無話不談的好朋友。之後，我曾經寫過一篇關於簡老師的勵志文章，當時就鼓勵她，要把自己的故事寫出來，相信會幫助很多人，尤其這幾年時尚娛樂產業蓬勃，與美相關的領域如彩妝師、髮型師、造型師等，都是時下年輕人嚮往的專業。

曾經有一陣子，我的外甥女Michelle對於彩妝很感興趣，整天把自己打扮得漂漂亮亮，成為一位彩妝師是她的目標，我妹身為母親，聽到自己女兒有這個夢想，當然全力支持，於是我特別約了簡老師來聊聊並分享這個行業的甘苦：首先，從助理開始學，絕不能遲到、天還沒亮出門、深夜才回家。其次，學會聆聽、用心對待被化的對象，如果化到一半，客戶反應不喜歡、不是她想要的妝，要怎麼處理，掉頭就走嗎？此外，要學習畫各種各樣的臉。她建議先花一年時間，每天找一個人化妝，體驗各種年紀、輪廓、性別、膚質、種族甚至行業的臉，假使能做到這些，才能證明自己對彩妝的熱情。

Michelle聽完，整個傻眼！原來這一行這麼辛苦，一開始小助理的薪水又少，整天推著大皮箱到處跑，成為一位專業老師要付出的決心與代價，絕不是外表看到的光鮮亮麗。

很多人因為壓力半途而廢，更多人給自己藉口把夢想放棄，而書中看著簡老師從學徒熬出頭，最終靠著自己的努力去英國完成學位，奠定了她日後在彩妝界的地位，這一路上吃盡的苦、不為人知的痛，絕對比她描述的有過之而無不及。

直到今天，只要與學習相關的投資，她絕不手軟，每逢假期出國進修，持續精進，力求專業上的突破。我很喜歡拍攝簡老師一整桌的工具筆刷，在IG限動分享，因為到現在，還沒有遇到比她更乾淨、整潔、一塵不染又有條理的，從這個小細節就可以判斷，她對於專業的要求非常高，而且她很愛護自己的工具（有些畫筆甚至用了很多年依然保存得很好）。

她待人很真，無論你是誰，她很善良，
很多事都默默承受；
她總是付出，從不求回報，她的貼心，最讓我感動；
她比我有紀律，更比我有行動力，很羨慕她的才華，嫉妒她的成就；
她是簡淑玲，她的故事告訴我們，
夢想握在自己手中，想要就去實踐。

【推薦序】

從淑玲的專注眼神看見她的潛力

王黎方老師

淑玲和我的緣分奠基在美容科三年的師生之情。

初始，對她的印象是個低調含蓄、在人群中不特別顯眼，學業成績雖然並不突出，但只要是老師交代的作業，她一定會全力以赴、使命必達的孩子。

漸漸地，我發現這孩子有個特點「專注」，不管做任何事，淑玲的眼神總像「攫取」般的心無旁鶩，專心一志，而這卻是在其他學生身上看不到的。

高一下，家庭訪問，發現淑玲的家庭溫暖，父母全力支持女兒想做的事，這又跟其他美容科的學生不同，她不是因為環境差或成績不好而選擇美容科，而是「真有所愛」，如此的家庭將成為她學習的最有利後盾。

綜合幾點觀察，我更確信淑玲是個可造之材，只要有適當的指導，相信日後她必能有一番成就。

「這樣的確信」在淑玲高三上就成真了。

淑玲如今雖是以化妝聞名並受國內外肯定，但在高中時，她做髮型更出色，曾得到校內評比第一。

事實上，只要學過美容美髮的專業人員就知道，做髮型比化妝更困難，有句話叫「牽一髮而動全身」，這真是點到要害；要知道化妝化壞了可以重來，但頭髮一旦做壞了，要在短時間內修補則是非常困難。

當時，我看見淑玲在做頭髮上的能力就鼓勵她說：「淑玲，妳跟妳的同學搭配，代表學校去參加比賽，由妳負責幫模特兒梳包頭。」

當時淑玲一臉驚訝地回我說：「老師，妳確定嗎？我真的可以嗎？我可以代表學校去比賽？」

說起當時的那場比賽可是業界的大賽事。據我所知，除了各校的精英去參賽，還有不少社會人士也去參與。我派淑玲和那位同學去，只是想讓她們吸取經驗，並不以名次為目的。

但淑玲的認真態度卻再度讓我嘆服。

接下任務，她為了這個比賽，花了兩個多月的時間不斷練習梳包頭，過程中她每隔兩、三天就請我幫她檢查作品，並給予調整的建議。最後她改良了傳統法式包頭，做出了具有「個人特色」的法式包頭。

比賽當天，淑玲持續不懈的練習終於得到回報，許多業界的專業人士交相讚賞她梳出來的包頭，還記得比賽後許多公司來問我：「這包頭是誰梳的？」那天光是名片我就拿了七、八張，其中包含淑玲畢業後去上班的「漾造型」。

畢業後入社會工作的淑玲忙碌不已，我知道她夜以繼日工作的辛苦，但我仍然不時提醒她去考美容乙級證照。這證照考試剛施行不久，剛開始的通過率不到百分之三十（目前通過率百分之四十～百分之五十），除了術科還要考學科，淑玲只能用她零星的空暇時間去準備考試，夾在完美的自我工作要求跟艱難的證照考試之間，壓力可想而知。我雖然心疼她的情形，但為了讓她再上層樓，鐵了心督促她考試，甚至另外抽出時間幫她補習。終於在第二次考試她通過了。接獲乙級考試過關的訊息後，淑玲對我說：「老師，謝謝妳讓我沒有放棄考試，我才能拿到證照！」

從她口中聽到這聲道謝，讓我覺得一切的累，我們師生已攜手走過！身為老師，能看到學生因我的建議而得到成就，比什麼都心滿意足。

直到今天，我眼中的淑玲，是不管得到多大的掌聲與成就，都還是那個低調、謙遜、肯彎下腰學習、不喊一聲苦一聲累的孩子。

她不因成名而驕傲，時時懂得感恩，到現在，看到適合我的東西，她總不忘幫我留一份並送到我面前。這點讓我相信，她必定也是這麼對待與她工作有往來的人——用她誠心誠意去知福惜福。

如今淑玲已是頂尖彩妝師，在追求夢想之餘，老師更想叮嚀她：

請緩下腳步關照自己的身體。

請做一個無私分享者，以經驗去牽成其他同行。

就做妳想做的自己，因為妳已是最好的，而未來只有更好了。

01

工作、學習、以及**確立自我價值**

第一章 做自己喜歡的工作

31 高中踏上美容之路
41 社會新鮮人一個月領八千
47 成為獨立彩妝師，闖出一片天
52 忙碌工作之餘去考試、去進修
58 歸零，二十八歲英國倫敦留學去

第二章 在倫敦把學習欲放到最大

66 初到語言學校受到的文化衝擊
70 把生活降到最簡單，學習力升到最大值

目次　Contents

77 倫敦時尚學院（LCF）老師的上課方式開啟視野
85 在LCF課程中，收穫最多的幾堂課
126 學會表達，學會溝通，得到自信

第三章 不當讀死書的留學生，課餘吸收藝術與文化精髓

132 省錢不為敗物，而為了充實自己
138 以最省預算在歐陸旅行，觀察「美」
141 與各國學生的交流趣談

第四章 確立自我「價值」

146 學會看底蘊，不看表面
149 不同時間點做不同歸零
154 找到自己的核心，確立自我的價值

Contents 目次

專業化妝師的**精進之道**

第五章 **倫敦三年，給足回台重新啟動的能量**

194 成為將客戶亮點發揮無限的彩妝師

202 難忘的工作經驗與挑戰

213 持續進修，並提攜後進

第六章 **Lynn式美學**

218 將人的臉當作建築物般觀察

222 隨著環境與時令變化的 Lynn 式色彩

227 如何在生活上培養你自己的獨到美感

02

03

凡事立刻去做的 **Right Now 哲學**

第七章 工作 Right Now！生活也 Right Now！

235 工作 Right Now 實踐術

237 生活 Right Now 整理術

94 ・Special Interview 作品解析① 從作業磨練想像力

110 ・Special Interview 作品解析② 從作業培養原創力

242 ・彩妝寶典私藏

244 ・彩妝師的工作日常

246 ・Right Now 的工作守則

01

工作、學習、以及**確立自我價值**

難道我這輩子就只能做型錄了？
我對目前的工作真的熱愛嗎？還是只是在盡責？
這樣的生活真的是我要的嗎？

第一章

做自己喜歡的工作

高中踏上美容之路

假若我說：對於美容與化妝，我的天分沒有你想像得那麼高。

也許你會這麼想：簡淑玲是否過於謙虛？

的確，許多藝人和名人眼中的我，專業又自信，他們對我總是信賴有加。不只在台灣，我化出的妝容在國際舞台上也備受肯定……天分不高，能做出這些成績？

答案是：可以的，只要你夠努力。

在舞台燈光與鎂光燈下，藝人與模特兒臉上所呈現的美麗妝容，來自我私底下不斷地努力與練習。

在高中時，我不斷練習梳包頭，梳到得了全校評比第一；在當助理時，我練習剪了成千上萬個雙眼皮膠帶；獨當一面接案時，我用賺到的錢投資自己：訂閱國外時尚雜誌、出國短期進修、上英文課……甚至更進一步在所有人都認為我已經很成功時，放下工作，送給我人生迄今最大的投資——去英國倫敦念書。

就在許多人「妳不擔心出國後客戶就會跑掉？」的擔憂下，我前往倫敦度過三年辛苦的留學生活。

回台灣後的確需要重新開始，但是，這趟留英生涯所帶給我的養分，讓我煥然一新、毫不遲疑去抓住每一個機會，並且讓我的能力在各大舞台上發光發熱，我所獲得的，比我失去的還要多了更多。

我的成績之所以被你們看見了，與其說是被機運帶著走，不如說是做任何事我都不站在原地遲疑，總是隨著心之所向立刻著手。

我害怕停滯不前進，總是設定目標，Right Now、立刻去做。

而我人生中唯一遲疑的時刻，或許是我上高中那一年。

十五歲那時候的我，對於人生還有太多想像，對於未來的志向也還在探索。

適合學一技之長的執著性格

從小我是個話不多的孩子，在班上功課中等，行事低調，不與人爭。

由於我總是把自己打理得整齊乾淨，打掃時也特別認真，每學期選舉班級幹部時，同學們往往會推舉我做衛生股長，至於風紀股長或班長這類需要發號施令的幹部，他們絕不會想到我。

雖然在課業上表現普通，但**對於自己喜歡的事物，我會表現得很執著、不認輸。**媽媽看到我這個特質，曾對我說：

「淑玲，妳很適合學一技之長。」

沒想到這句話，竟與我未來的命運緊密連結在一起。

通過高中聯考的考驗後，我面臨選科系這個人生第一個難題。

由於嚮往帶團到世界各地旅遊的生活，原本我想選觀光科，但此時媽媽提醒我：

「念什麼觀光科？妳應該去念美容科學一技之長！」

美容科？

當時的我壓根對化妝沒興趣，沒有辦法想像美容科所謂的一技之長是什麼，但媽媽似乎相當堅持，她認為當領隊或導遊不算是專長……

媽媽是家中的意見領袖，家裡的大小事情幾乎都是她說了算數。哥哥、姊姊和我，直到現在都還是對她的話言聽計從。

哥哥很會讀書，一路上讀的科系，都是媽媽認可的科系。而原本想學服裝設計的姊姊，在媽媽反對之後，乖乖地去讀了會計。至於我呢，當然也聽了媽媽的話，不太情願地填了美容科作為第一志願。

但現在想想，若沒有媽媽當年的堅持，也許便沒有現在的我了。至於那去世界各地旅行的夢想，日後竟也因為彩妝師工作而實現，實在佩服媽媽的遠見啊！

王黎方老師是我的伯樂

一進入高中，我很快就交到好朋友。班上有幾位外表高䠷亮眼、活潑外向的女生，沒想到她們跑來跟我這內向害羞、個子嬌小的人做朋友，懵懵懂懂進入美容科，但很快就融入環境了。

我們這群死黨總是走在一起，夾在這群漂亮女生中的我，往往很難被人注意到。而我也刻意不讓自己被特別注意到，學校老師與同學對我的評語常常是：簡淑玲很含蓄又低調。

不只是給別人的觀感，我的在校成績也是含蓄又低調……因此萬萬沒想到，我居然被一位老師盯上了——班導師王黎方老師。

黎方老師是如同魔鬼教官般嚴格的老師，首先，她對於班上女同學的服裝儀容規定非常嚴格。制服裙子不能短到膝蓋以上，到了夏天，頭髮一定要紮成馬尾，絕對不能披頭散髮。

管理學生不馬虎，黎方老師的教學也十分嚴格。

留日進修的黎方老師，專長是經絡與美容，但在頭髮這個環節同樣一絲不苟。她承襲日式作風，在細節上一板一眼，總是希望我們的技術能做到一流。

比方說，上髮捲的考試一般標準是整顆頭二十八分鐘上完就算合格，黎方老師則是要求我們二十五分鐘上完所有髮捲，後來甚至要求我們二十三分鐘上完，比標準還短了五分鐘！

此外她也要求班上所有學生，畢業時一定要考過丙級美容美髮檢定，沒有人能例外。

要求學生在技術上不斷精進的黎方老師，對於我，特別關注與嚴格。我能感受到黎方老師對我的要求比其他同學高，而這徹底激發我那「執著與不認輸」的性格，讓我的專業技術超越同學，甚至能夠舉一反三，在技術之上發揮創意。也正是由於她的要求，使我在畢業後得到比其他同學更好的工作機會。這契機，來自於一次彩妝比賽。

高三上學期時，我的同班好友蘇同學要去參加校外彩妝比賽，黎方老師對我說：「簡淑玲，妳的包頭梳得很好，蘇同學去比賽時，妳去幫她的模特兒梳新娘頭吧。」

聽到黎方老師這麼說時，我第一個反應是：「老師妳確定？……」

但老師不給我拒絕的機會，我只好接受她丟給我的挑戰，硬著頭皮去準備比賽了。

還記得在比賽時我幫模特兒梳了個法式新娘包頭。在學校我只用過假人頭梳法式包頭，雖然在校內比賽中被老師們評為第一，但是在真人模特兒上梳這個髮型還是頭一遭。為了幫蘇同學贏得比賽，在比賽前，我每天都找時間練習，持續練習了一、兩個月之久，一直練習到老師認可了，我才稍微安心。

比賽當天，我按照之前練習的成果，戰戰兢兢地完成這個作品。

這個比賽不只是學生，還有不少社會人士來參賽，就連評審也是當時業界中的佼佼者，也有許多業界人士來參觀。

同學在模特兒臉上化的妝才是重點，沒想到我幫模特兒梳的法式新娘包頭，得到評審很高的評價，也被許多來參觀的業界人士讚賞，包含當時知名的「漾造型」老闆Alice。

Alice非常欣賞我幫模特兒梳的髮型，她找到在比賽現場協助的黎方老師，問她：

「請問梳這個髮型的同學是哪一位呢？我很欣賞她的作品，能不能跟這位學生見個面？」

明明是彩妝比賽，但Alice注意到的卻是髮型。

黎方老師跟Alice說：

「啊，這位學生不在現場！這是彩妝比賽，所以這個學生梳完髮型之後就走了。」

Alice並未就此打住，她接著說：

「請老師回學校之後轉告這位學生，我想請她來我的公司實習。」

幾天後，黎方老師回學校後碰見我，對我說：

「簡淑玲，那天蘇同學的彩妝比賽，有個造型公司的老闆來跟我說，她很欣賞妳幫模特兒梳的頭，想請妳去她的公司實習。我跟妳說喔，妳可不要太驕傲喔。」

黎方老師總是喜歡用這種間接的方式稱讚我（或是刺激我），我知道她的話都是好意。

我很高興有這個實習機會。

當時的美容科學生寒暑假實習，幾乎都是去大型美髮連鎖店，如小林、曼都、查理等等，一整天站著幫客人洗頭，枯燥又辛苦，往往洗到手快爛了。

或者是去美容沙龍幫客人做臉、按摩，做到後來，眼睛閉著也能做。

又或者是去減肥中心，用盡全身力量幫客人推脂，做完之後全身虛脫，下班後往往會去大吃大喝，結果客人身上的肥肉反而轉移到我們的身上了。

高一、高二時這種實習是學校規定，學生無可避免，但高三時我們就能自主選擇實習地點，於是我趕緊跟黎方老師說：

「好！我很願意去那家造型公司實習！」

如願去「漾造型」實習

高二升高三暑假，我去「漾造型」報到，開啟了前所未有的新視野。

當時漾造型跟知名的「青樺婚紗」合作，為了配合新娘的行程，我常常凌晨兩、三點天還沒亮就到公司上班，直到深夜之後才回家。

新娘一到婚紗公司，我要先幫她全身打底上粉，頭髮先上好捲子，再交給設計師幫她上妝。

妝化好之後幫新娘穿上婚紗、別胸花、戴頭花等一道道細節，實習生都要站在一旁，邊看邊學。

而新娘配戴的胸花與頭花，也得要在凌晨四、五點時背著大袋子，照著設計師開出的清單，在花市一開始營業就一一買齊。白玫瑰十把、紅玫瑰五把……一捆捆沉重的鮮花背回公司後，要依設計師的要求與規定先把多餘的莖梗去掉，將花一朵朵斜剪好，再整齊地擺在盤子上。

接著設計師會接手，將這些新鮮的花朵一一組合成胸花與頭花。而胸花與頭花的樣式，還會因為南部與北部而有所不同。

在漾造型實習除了開眼界，我學到非常多一輩子受用的經驗。直到現在我還常跟我的助理說：

「你們現在學到的東西，絕對沒有我當時在漾造型學到的多。」

雖然只實習了短短幾個星期，但我發現設計師這個工作有趣的地方：從妝髮、新娘、整體造型到藝人妝髮……每天都得面對不同的人，工作有很多變化，並不是一成不變的工作。

老闆Alice觀察我實習時的工作狀況，十分欣賞我的認真態度，實習結束後她對我說：

「淑玲，歡迎妳畢業後來漾造型上班。」

能被賞識、能在還沒畢業時就得到工作機會，我當然非常樂意！

社會新鮮人一個月領八千

．．．

三年的美容科學習，加上嚴師的督促，我打下了扎實的基礎。

在高中的成績雖不算名列前茅，但不管學科與術科的平均表現都相當不錯，畢業時，甄試後我得到了保送台南家專（現改制為台南應用科技大學）的機會。

當時台南家專的美容科在全台灣算是數一數二，但經過深思之後，我決定放棄升學，而是選擇去漾造型公司上班，從助理開始做起。

二十多年前的高中畢業新鮮人，入社會的起薪沒有一萬八也有個一萬五，但漾造型助理的起薪，每個月只有八千元。

可是當年的我對於如此低的起薪，一點也不以為意，甚至覺得就算沒給我薪水也沒關係。因為我有明確的目標與信念——寶貴的經驗，並不是金錢可以換來的。

父母當然擔心我。一來很會念書的哥哥與姊姊不是念到大專就是研究所，畢業之後找到的工作都不錯，他們擔心我沒有繼續升學，日後會不會沒有競爭力？二來一個月八千元的薪水，到底能不能維持生活？雖然當時我與家人同住，但八千元要應付一日三餐與交通費等支出，日子必定會過得捉襟見肘。

面對父母與兄姊的擔心，我對他們說：

「以前在漾造型實習的時候，我學到許多錢買不到的經驗。現在又得到老闆的肯定，她歡迎我畢業後進去工作，這個難得的機會我想好好把握。而且我真的很喜歡這個工作！至於念書，何時回去念我覺得都來得及。」

看到我的眼神如此堅定，父母與兄姊知道已經無法左右我的決定，他們決定放手讓我出去闖一闖。之所以無所畏懼，因為我知道──「家」永遠是我的後盾。

幾乎全年無休的小助理

漾造型位於台北市南京東路四段，公司的業務項目多元，除了新娘造型，也做雜誌封面造型，如當時發行量最大的《時報周刊》，有時候拍棚內，有時候則出外景拍攝。此外，還有不少服裝型錄的化妝造型……等等，因此除了能接觸一般民眾、國內外模特兒，接觸到的藝人與名人也不少。

深具挑戰性與多元化的工作，也是深深吸引我這雙子座的原因。

我害怕日復一日一成不變，害怕停滯不前，害怕自己沒有進步。

去漾造型報到後，經理對我說一個月休四天。雖說一個月公休四天，但有時候案子忙起來，助理幾乎是不能休息。由於常常是天還沒亮就出門，到深夜才回家，於是我去買了輛５〇ＣＣ小機車，騎著它東奔西跑。

從萬華到南京東路四段通勤上下班，去花市買回十幾束鮮花，背著大包小包去雜誌或是服裝目錄的拍攝地，一直到自己獨立接案……這輛小５〇，陪伴了我六、七年的歲月。

還記得，當時的薪水扣掉勞、健保後，剩不到八千元。由於助理這項工作非常辛苦，有的助理一到休假日就想放鬆，四處去吃喝玩樂，把薪水花得精光，而我則是寧願省下來，有時候一個月可存到兩千多元。

當助理時，最奢侈的花費就是買筆刷了。對彩妝設計師來說，一枝專業用的筆刷所費不貲，靠著每個月辛苦存下來的錢，我用一次買一枝的方式，慢慢地把筆刷買齊成套。這些筆刷，有的甚至到現在都在用，也還很好用。

我非常愛惜我的工具，每一枝都妥善保養，除非它掉毛或是分岔了，不然我絕不輕易更換。

另一項奢侈的消費，則是進修。

還是助理的我，騎車經過中山北路和南京東路口，在紅綠燈前停下時，常看到永漢日語那棟大樓的外牆有一句斗大的標語：「**貧者因書而富，富者因書而貴。**」每次看到這句話，都深深擊中我的心，對於這句話我也深信不疑，因此，只要還有多餘的錢，我就會去書店買本成功人士的傳記、或是與彩妝造型有關的書或雜誌回家，一本一本，累積了我的知識庫。

初入社會那幾年，工作與學習把我的生活填滿，日子是前所未有的充實。

從助理升等為設計師

在漾造型工作，並不是只有埋頭苦幹，老闆Alice不時也會出作業，幫助我們這些助理提升能力。

比方說出這樣的作業：在一張紙上畫出一百個人的嘴。我們會在工作的空檔，找不同的人充當模特兒，把他們的嘴形畫下來。畫滿一百個之後交給設計師看，檢查了沒問題後，設計師會在紙上簽名表示認可。

或是這樣的作業：剪雙眼皮膠帶。

從膠帶上剪下雙眼皮形狀後，貼在紙上，貼完一、二千副之後，同樣要拿給設計師簽名認可。如今我對於剪雙眼皮膠帶得心應手，都拜當時的訓練所賜。

諸如此類的作業，每個月都要做。如果沒做作業，就沒辦法參加升等考試。

漾造型當時在同業之間數一數二，升等制度公開透明，只要夠努力，都有升上設計師的一天，只是時間的長短問題。

因此休息時我除了去上英文課，還會找朋友當我模特兒練習化妝，就是為了能更早一天升上設計師。

比其他助理更努力，兩年後，我如願升上設計師，與其他助理相比，這算是很快的升等速度了。

在升上設計師前，爸爸見我幾乎沒有休息時間，他心疼地說：

「淑玲妳是不是乾脆辭職算了……每天早出晚歸，放假也沒得休息，看妳這麼累，薪水又這麼少，值得嗎……」

知道爸爸捨不得自己的女兒這麼辛苦，但我說：

「爸，我一點也不覺得我辛苦，做這份工作我真的很開心，我真的很喜歡這份工作，你們一點也不需要擔心我。」

如今升上設計師，家人們覺得我終於熬出頭了。能獨當一面，薪水也隨之調升，這條路，我沒有白走，也沒有走錯。

而這時候，我才不過是個剛滿二十二歲的青年，未來有無限的可能性。

成為獨立彩妝師，闖出一片天

．．．

但世事難料，升上設計師之後沒多久，公司開始有了狀況。老闆開啟她的直銷事業，除了本業，她開始要求旗下的設計師幫她拉下線。這對於只想單純做好設計師工作的我來說，是件苦差事，但老闆的要求跟老師的要求一樣，也不敢不從……一天天過去，我開始感到工作變成負擔，心理上也產生抗拒感。

我如同尊敬恩師般敬重老闆Alice，知道她年紀越來越大了，也許漸漸無法負荷高強度的工作，直銷也許是退休後一條不錯的出路。

直銷越做越有起色後，老闆便把漾造型收了。

我沒再進其他公司工作，而是選擇作為一位獨立接案的彩妝師。

靠著過去在漾造型工作時建立的好口碑與人脈，我的獨立接案起步還算順遂。過去合作過的攝影師與雜誌編輯會主動介紹案子給我，例如《儂儂雜誌》等女性雜誌的小單元，漸漸地也接到拍攝整本服裝型錄的大型案子，或是平面與CF廣告。

還記得剛開始化一個雜誌服裝單元的妝、或是人物專訪單元的妝是兩千元，雖然不多，但積少也能成多。那時我才二十三歲、還年輕，多接案子吃點苦不算什麼。

騎著小50，我的接案生涯順利起步！

馬不停蹄接工作

成為獨立接案的彩妝師之後，不再是每個月領固定薪水，我的資金運用更有餘裕。但我完全不買奢侈品，賺到的錢盡量存起來，或是投資在工作上，每一季都要添購幫模特兒增色的配件——飾品、假髮、鞋子等等。

當時接最多的案子是服裝型錄，這最好賺，但也最辛苦。

拍攝一整天下來，模特兒往往要換上百套衣服，我除了要幫忙換衣服、負責模特兒的妝與髮型，還必須按照服裝風格為模特兒搭配飾品與鞋子。

一次拍攝需要準備相當大量的飾品等道具，再加上我的化妝箱，這些大包小包東西往我的小50一堆，我就這樣載著它們穿梭在台北大街小巷中。

有一回我甚至被臨檢的警察攔下來，警察對我說：

「小姐啊妳是去批貨嗎？妳的機車堆了這麼多東西，這樣騎車很危險耶！」

我也只能苦笑著跟警察解釋我的工作，希望警察大人能網開一面，別開我這小女生罰單啊！

還有些案子需要上山下海，比方說去海邊拍泳裝特輯，我照樣騎著機車載著一大堆道具，就往海邊騎去。

剛起步時沒有錢請助理，所有道具我都自己扛到拍攝現場。有時候工作人員看我只是個小女生，個子也不高壯，會主動說：「淑玲啊，我來幫妳拿，給我吧。」

但我總是回絕。能自己來的差事，我盡量自己來，不想給別人帶來麻煩。

直到現在我都是相同的信念。

先投資自己，再享受

開始獨立接案後，每一年我都給自己目標，例如第一年的每一個月我要做到兩萬，第二年我要做到年收入多少，第三年目標要再訂得更高……一方面是拚命努力，另一方面是客戶的信賴與幫忙，每一年我都能達成目標。

接案兩年之後，我存到了一筆錢，買了一輛四十萬的TOYOTA作為代步工具，過去那輛50CC小機車，終於不需再承載那些大包小包的道具，可以喘口氣休息。

接案三年之後，由於有時候拍服裝型錄需要同時化兩、三個模特兒的妝，只有我一人難免手忙腳亂，工作上效率不佳，因此我決定請助理。

有了分擔工作的助理之後，我才能把案子的質與量做得更好。

不管是買車或是請助理，都不是為了享受，而是為了提升自己的投資。

而在潮流資訊方面的投資，我花最多的錢是在買雜誌上。我會訂閱國外時尚雜誌，例如《VOGUE》雜誌一定要買義大利版，《ELLE》雜誌就要買法國版。

在書店買這些雜誌非常貴，幸好攝影師有管道買到這些雜誌，他們介紹書商給我，書商幫忙向國外訂購雜誌，出刊後就直接寄我家。透過書商訂購雖然比較便宜，但每個月訂閱雜誌的費用數千元跑不掉。

我的觀念是：賺到的錢，就應該投資在自己身上。這投資不是玩樂型的投資，而是讓自己的能力與工作的質量更加提升的投資。

至於那些物質上的享受，例如買奢侈品等等，可以在自己更有餘裕時去做，在努力後享受，更能體會得之不易的幸福感，也更懂得珍惜。

忙碌工作之餘去考試、去進修

⋯⋯

前面曾提過高中時我有一位嚴師兼恩師——王黎方老師。黎方老師不只在畢業前督促我，在我畢業之後，她依然不時督促著我。

後來我才知道，她不去管其他同學，只來「監督」我的一舉一動。

成為獨立接案的彩妝師，工作已是應接不暇，但黎方老師仍然要求我一定要取得美容乙級證照，而且是每年提醒我一次。

考過美容乙級?!這對工作滿檔的我而言是沉重的負擔，但黎方老師一點也不妥協，她說：

「妳就去考，相信我，考過後會對妳有幫助的。」

恩師的話，我哪敢不聽從呢？

黎方老師一方面「逼」我去考試，另一方面還會用話刺激我：「簡淑玲，我看妳一定考不過的！」

用這種激將法反而會讓我更有鬥志，我那不服輸的個性，也許早已被老師看透。

一邊工作一邊準備美容乙級考試

美容乙級要考學科與術科。

術科的美容部分要考畫紙圖卡、化舞台妝與新娘妝、做臉的程序等等，美容考完接著要考酒精調配比例等等衛生項目。術科我很有把握，不太需要準備。

但學科則需要考人體骨骼、人體經絡與穴位、營養學、色彩學、倫理道德、美容法規等等，在在都需要花時間背誦。

在忙碌工作行程中我如何找時間背學科呢？當時我出去工作也帶著幾本厚厚的教科書，在工作空檔時，我會請助理從書中挑出幾題來抽問我，就在一問一答中，不需要翻書，自然而然能把內容記住。

還記得術科我一次過關，學科我考到第二次才過。

在學科考試之前，黎方老師對我耳提面命：

「簡淑玲，我警告妳，不會寫的題目就不要寫，寫錯可是要被倒扣的喔。」

第一次學科考試我就是不聽老師建言，有如賭徒般猜錯答案，才落得沒及格。第二次考試我就學乖了，會寫幾題就寫幾題，終於征服了最頭疼的學科。

而雖然術科考試我一次過關，但有個小插曲，特別想提出來跟各位分享。

不管是考舞台妝或是新娘妝，都有所謂標準畫法，例如新娘妝，一定要搽橘色眼影配桃紅色口紅。如果是舞台妝的話，大舞台妝要濃豔、小舞台妝要收斂，眼影則以藍色系為主，但我認為這些規定也太老派了！

我跟黎方老師說：「現在誰這樣化妝？」

老師說：「妳不要管這麼多，想要考過的話，考試時妳就照這樣畫！」

當時乙級考試的監考官，黎方老師幾乎都認識，她十分了解所謂的「標準」。

在「美」這一點上我當然無法妥協，於是在考試時偷偷動了些手腳，新娘妝的眼影畫了個接近橘色的顏色，大舞台妝則來個煙燻妝，口紅則不用桃紅，來個紅色。

當監考官站成一排檢查我的作品時，有幾個老師覺得我化出來的妝很漂亮，有幾個比較老派的老師則說：「這個眼妝不符合規定⋯⋯唇妝是漂亮沒錯，但為何要畫得油油的……」

雖然老派的老師在我面前唸唸有詞，但據說私下她們跟黎方老師說：「簡淑玲的妝真的畫得很好、很美。」

儘管在我堅持「美」的原則下，違反了規定，但我的術科還是順利一次過關！

第一次出國進修去巴黎

拍雜誌或服裝型錄工作中，常有機會與來自國外的模特兒溝通，為了讓模特兒理解我為什麼做出這樣的妝髮與造型，讓拍攝的效果更好，我認為提升英文能力也相當重要。

平時就已經有聽廣播ＩＣＲＴ的習慣，我另外去報名了政大公企中心的英語進修班，硬是在繁忙的工作中擠出週二、週四晚上去上英文課。

上課時間是晚上七點，若當天有工作，我會跟客戶先講好：

「今天晚上我要上課，五點必須要離開，我們抓緊時間把工作提前完成好嗎？」

不缺課，這是我的堅持。

接案兩、三年，光是讀國外的時尚雜誌已經無法完全滿足我的好奇心，這時也存到了些錢，我開始著手去國外短期進修的計畫。第一次的進修地選擇了巴黎，一個星期的學費是十萬台幣，在當時可是很大一筆錢。

平常我省到幾乎是工作結束後就回家，很少在外消費，但投資自己的錢我絕對不會省，更何況法國是各大彩妝保養品與潮流品牌的誕生地，是時尚之都，這趟進修我非去不可。

巴黎進修團是由業界知名的石美玲老師帶隊，到法國Atelier International學院上課，主持學院的老師是一對夫妻。丈夫學的是化工，妻子學的是建築，兩人後來都在彩妝界闖出名號。

一個星期的課程安排，先學色彩學與建築概論，接下來學特殊化妝。儘管特殊化妝在我的工作比較用不上，但只要能學到新東西，都能給予未來的工作或多或少的影響。

學院的講師除了懂各自的專業，還懂電影、歷史等等，文化底蘊深厚，讓我由衷佩服。這也讓我明白，底子打得夠厚夠扎實，學識與見識越廣，在美的表現上才更有突出之處。

而透過建築概論課程，讓我對建築的結構產生興趣，這深深地影響我日後的化妝與美學概念。在第六章我將會針對這一點詳述。

在法國上課之餘，同行的進修團員一起去巴黎著名景點遊歷一番。我在觀光中買下了人生的第一個名牌——LV皮夾，這個皮夾至今我仍珍惜地使用著。用刻苦耐勞賺來的錢買名牌犒賞自己，這心情難以言喻。如同我先前所說：**物質上的享受，在努力後享受，更能體會到得之不易的幸福感。**

這次短期進修埋下我日後出國念書的種子，回台灣後我告訴自己：有朝一日我一定要去法國念書，絕對不選其他國家。

回台灣之後，更覺得學英文在法國並不管用，轉而去東吳推廣教育中心上法文課，儘管上了沒多久就放棄了……沒想到，幾年後我卻選擇了歐陸的另一個國家去留學，過去每週兩天的英文學習，翻轉而成為了有用的學習。

這讓我明白：只要是學習，都會在某一天派上用場，一定會！

歸零，二十八歲英國倫敦留學去

．．．

現在回想起來，從二十三歲開始接案那五年，我真的是埋頭苦幹。

為了達到目標我什麼案子都接，雜誌、服裝型錄、平面廣告、服裝秀……最好賺的是服裝型錄案子與廣告，但廣告案子較少，案源最充足的是服裝型錄，卻也最辛苦。拍攝前我要先翻閱大量國外時尚雜誌做功課，拍攝當天九到十個小時拍攝時間內要換數百套衣服，要按照服裝的主題與風格換妝髮、換飾品與鞋子……十多個小時持續繃緊神經，回到家之後我往往虛脱地倒在沙發上。

接案四年多之後，我在業界累積了一些名聲，找上我的大客戶不少，但此時也開始覺得過度消耗了自己，心裡出現疲乏感，更冒出一連串問號質問自己：

難道我這輩子就只能做型錄了？

我對目前的工作真的熱愛嗎？還是只是在盡責？

這樣的生活真的是我要的嗎？

太多太多疑問，讓我知道：這就是瓶頸，到了該改變的時候了。

當心中的問號在我腦中盤旋，我在翻閱訂購的國外雜誌時，一邊看內容我也一邊反問自己：

這些設計師的創意到底是從哪裡來的？

設計師們如何能得知每年每季的流行趨勢？

設計師們憑什麼能決定每年每季的流行就該是如此？

這些不斷湧出的疑問，加上想起兩年前去法國短期進修的經驗，先前預先埋下的種子在我腦中萌芽了——我想再一次出國去進修，不是短期，而是花時間去學個扎實的學問回來，不管是花一年、兩年、還是三年，我要不計代價！

而此時，前輩Donny張嘉仁的離世，讓我出國念書的想法變得更加堅定。

我與前輩一起做夏姿的秀時，我發現他不像過去充滿活力，看起來疲累又憔悴。後來得知他得了淋巴癌，原本以為他的病情已經在控制中，沒想到兩個月後，他的病情急轉直下，得知他已經不能再工作，再過沒多久，就接到了他去世的消息。

那一年，前輩才三十八歲。

我與其他業界朋友一起去參加前輩的告別式。前輩的母親在告別式中唸了他寫給親友的一封信，其中一段是寫給同業朋友的話：

我希望在場的所有彩妝師，不要走我的後路。

在工作上拚命之餘，也要懂得照顧自己。

有想做的事，就去做，

不要像我還有好多事沒有完成，

可是已經來不及了……

前輩的母親唸完他的親筆信之後，放了江美琪所唱的〈親愛的你怎麼不在我身邊〉，我再也無法抑止悲傷，淚流滿面，久久不能停止。

前輩是自我要求很高的人，在業界受到許多人的尊敬。他拚命工作換得了財富與名聲，卻賠上了健康。

經歷這次令我傷感不已的告別，我思考我的人生目標是什麼？

「有想做的事，就去做」，這句話一直縈繞在我腦中……我決定不要再浪費時間，Right Now，**現在就去做**，我開始搜尋出國念書的資訊。

原本想要存到三百萬再出國，後來我認為存到一百萬就夠了，我打算先給自己一年的時間念書，如果想繼續念但學費與生活費不夠，可以在放假回台灣時拚命接案一口氣賺足。

更重要的是——要去哪個國家、哪個學校念書？

有一天我跟石美玲老師聊天，她說到她的女兒在義大利念書，接下來要去英國念倫敦藝術大學的倫敦時尚學院（London College of Fashion）。

石美玲老師說：「淑玲，妳也可以考慮去這個學校，除了法國，英國也是時尚之都。」

石美玲老師同時說了許多英國念書的資訊，打動了我，我心想：或許英國倫敦時尚學院真的是不錯的選項呢?!

我去搜尋倫敦時尚學院的資料，研究之後對這個學校越來越感興趣。

倫敦藝術大學是歐洲最大的藝術大學，由六所著名的藝術與設計學院組成，除了我想去就讀的倫敦時尚學院，台灣人較熟悉的還有中央聖馬丁藝術與設計學院（Central Saint Martins College of Art and Design），以及倫敦傳播學院（London College of Communication）等等。

確定目標後，我立刻動了起來，請過去合作過的香奈兒主管幫我寫推薦函，直接去倫敦藝術大學在台辦事處與教授面試，也開始針對雅思（IELTS）考試著手準備……

在台灣申請學校的手續一切按照期待進行，只差與家人說明我的決定。

當我跟媽媽說我想去英國念書時，果然遭到她的反對。

她說：「妳怎麼會想去一個這麼遙遠的國家念書？在那裡妳無依無靠，沒有人能幫妳，妳會不會被外國人騙呢？妳確定要去嗎？我真的不放心……」

我說：「媽，我出社會已經快十年了，妳要相信我。到了英國我會分辨什麼是好、什麼是不好，而且我相信出國去念書這幾年，回來之後的我一定會比現在的我更好，妳要對我有信心。」

對於我的再三保證，做媽媽的當然還是不放心，幸好在舅舅的幫忙下成功說服了媽媽，我才放下心來準備出國，直到出發那一天到來。

啟程去英國那一天，我的家人和助理都到機場來送我。
生怕漏帶什麼東西，我總共準備了兩大箱行李，長榮的地勤人員跟我說：
「小姐，妳的行李超重太多，妳是第一天出國念書嗎？」
我的兩箱行李總共五十多公斤。我是第一天出國念書沒錯啊！
地勤人員又說：
「其中一箱行李妳要請家人幫妳帶走，用海運寄給妳會比較便宜。旁邊有箱子，可以去那邊寄。」

原本以為出國當天，會發生家人與我捨不得彼此而在機場痛哭的場面，沒想到當下要把行李全部打開，急急忙忙挑出一箱要跟著我到英國的隨身用品，另一箱則在機場用海運寄出，這一折騰，搞到快要來不及登機。

身上背了一大堆東西的我，急匆匆趕到出境門，轉頭看到媽媽和其他家人依依不捨的表情時，我連多留一會兒感傷的時間都沒有，別過頭就走。

原本預料的淚別場景，演變成一齣詼諧劇。

但也許這樣也好，反而讓我放下對家人的不捨，更加毅然決然往前去。

未來也許也正如出國這一天，將會有許多無法預期的事突然發生，等著我去一一挑戰，一一解決。

CHAPTER 2

第二章

在倫敦把學習欲放到最大

初到語言學校受到的文化衝擊

．．．

出了倫敦機場，語言學校派司機來接我去宿舍。司機當著我的面劈里啪啦說了一連串英文，我完全聽不懂，這讓我感受到第一次的文化衝擊。

我在台灣準備了那麼久的英文，原來一點用也沒有！

抵達宿舍時，一踏進宿舍我感受到一股壓力向我襲來。我意識到：這裡真的是英國，我已經沒有退路。

語言學校安排一名學生住一間宿舍，宿舍裡沒有電話，燈光昏暗，除此之外還算舒適。一個人坐在宿舍裡，不安全感湧上心頭……跟著我到倫敦的行李只有一半，另一半要等它們漂洋過海而來。習慣凡事都準備妥當的我，這一點更加深了我的不安。

宿舍有規定餐廳的用餐時間，第一次走到餐廳，看到一條條長桌與一張張陌生的外國面孔，想到要和他們一起坐下來用餐，想到要跟他們寒暄對話，我開始感到恐懼。

拿了餐盤，跟餐廳員工點完餐，找了個沒人的位置，我快速吃完在宿舍的第一餐。

過去在台灣工作時，我向來不愛說話，也很少主動跟人攀談，總是埋頭苦幹把工作做完就離開，在別人眼中我是一位因為認真工作而做出好口碑的彩妝師，並不是一位以溝通見長的人。

在漾造型工作時老闆發現我這種特質，曾經讓我去上卡內基課程，她希望我除了技術還能開發自己的說話潛能，成為能表達自己的化妝概念，能與客戶順暢溝通的彩妝師。但我還是用我一貫的惜話如金、認真工作態度，接了五年的案子。

來到英國，似乎不能再用相同的模式了，在這裡我舉目無親，必須逼迫自己說話才能得到幫助，更令人害怕的是，還必須要用英文。

來到英國沒多久，有一天姊姊打電話到宿舍跟我說：「淑玲妳最近要注意一下包裹，媽媽用FedEx寄了一箱東西給妳。」

當我收到媽媽寄來的一大箱包裹，一打開，我眼淚瞬間掉下來，放聲大哭。

箱子裡裝著大同電鍋，還有我習慣用的文具等等日用品。在英國一個朋友都沒有的我，突然好想念家鄉，越哭越起勁。

一邊努力準備雅思，一邊忍受不適應的宿舍環境，以及一個人在異鄉的孤獨，有那麼一瞬間我突然懷疑來英國念書的決定到底對不對？

幸好很快有人對我伸出友誼之手。有次到餐廳吃飯，一位韓國同學叫住我：

「同學，妳是日本人嗎？」

「我不是日本人。」

「那妳是哪裡人？」

「我是台灣人。」

「妳剛來這所學校嗎？」

「對。」

我的回話都很簡省。

韓國同學繼續說：「妳可以過來跟我們一起吃飯喔。」

有人主動對我伸出友誼之手，當下我莫名感動，到英國以來一直緊繃著的神經突然鬆懈下來。

我說：「我當然很樂意跟你們一起用餐！」

交到朋友之後，我忐忑不安的心似乎漸漸平靜下來，「在家靠父母，出外靠朋友」果真是放諸四海皆準的至理名言。

把生活降到最簡單，學習力升到最大值

．．．

來到英國的第一年我只準備了一百萬台幣（包含學費），因此我能省則省。房間裡的網路費一個月要一百英鎊，所以我只用學校的公用網路；坐地鐵太貴，去上課時我寧願提前一小時起床去追公車；吃飯盡量都在宿舍餐廳解決，或是用大同電鍋弄些簡單的東西吃，不外食。

我把生活的食衣住行降到最簡單，但準備考試的學習力則升到最大值。

三月進入語言學校，六月的雅思總考試必須要考到六分，才能達到倫敦時尚學院的入學標準，在九月正式成為大學新鮮人。

個性好強的我讀書讀到哭，每一天都要咬緊牙關才能撐過去，壓力大到兩頰長滿大痘痘，好了又長、反反覆覆，弄得臉上坑坑疤疤。我甚至請媽媽從台灣寄黃連給我吃，吃了也沒效。

有個日本同學看不下去，送我一條搽痘痘的藥，還是無效。

對我來說，最有效的藥就是雅思過關啊！

在六月雅思總考試前，先在語言學校做雅思的第一次小考，考試成績出爐時我心想完蛋了……我只考了四分……如果六月的總考試沒考到六分，我就必須打道回府，這是我最不想看到的結果。

分數考不到六分的最主要原因，是因為兩題作文題我只寫了一題，學校老師問我：「Shuling，為什麼作文妳只寫了一題？」

我不解地說：「不是只有一題嗎？」

老師說：「不，有兩題，一個是表格式的，一個是申論題。妳怎麼會只寫表格題？」

我這才恍然大悟：「因為我不懂考試的出題方向，我從來沒去補習過。」

老師看起來有些驚訝，接著跟我說：「Shuling，妳每週星期×的×點來圖書館找我，我教妳寫作文題。」

在英國，如果學生有不懂的地方向老師求助，老師通常都很樂意教導學生。而亞洲人習慣於就算不會也不敢跟老師主動求教，不會還硬要說會，這是亞洲人跟西方學生最大的不同。

於是我開始每週一次跟老師課外補習的日子，老師給了我定心丸，讓我對於考試越來越有信心。

靈活的教學方式

語言學校的教學方式是這樣的：上午是會話練習課程，下午老師會要求學生去酒吧找當地人聊天，或是丟給學生問卷調查表，要求學生上街去做街訪，至少要做完十張問卷才可以回學校。

老師認為：實際對話比埋頭苦讀重要多了。

上街做問卷調查真是令我頭痛，甚至心想乾脆一頭撞昏了算了。在台灣我從沒做過這方面的打工，更何況是在英國用英文與陌生人對話！我必須在街頭抓住陌生的路人問：請問您叫什麼名字？您的興趣是什麼？您的職業是？電話號碼幾號？……等等問題。

我選擇去一個叫做小義大利的熱鬧街區，這裡有許多咖啡館，是人潮匯聚的地方。

站在那裡我硬著頭皮去跟陌生人交談：「我是××學校的學生，請問您願意幫我做這個問卷嗎？」

大部分的人都很樂意幫學生這個忙，問卷一張接一張完成，此時有個看起來像西班牙人的男人拍拍我的肩膀叫住我，對我說：

「小姐，妳的眼睛很漂亮。」

我心想見鬼了，西方男人跟亞洲女生搭訕都用這招。我不搭理他轉身要走。

他急忙再叫住我：「妳不要害怕，我在這附近工作。」說完他拿出名片給我。

名片上寫著某公司主管職，看起來也算相貌堂堂。

他接著說：「剛剛我跟妳擦身而過，發現妳的眼睛很美。我能有機會請妳喝咖啡嗎？」

我在內心翻白眼，拿出問卷說：「Of course，你先幫我做完這張問卷。我是××學校的學生。」

「妳是學生？看起來不像！……」

自動找上門來的西方人，就這樣幫我把問卷做完了。當然我沒跟他去喝咖啡。

在街頭做問卷調查作業，或是搭公車，經常會有被搭訕的情況，我對西方人一直存有戒心，面對這種情況，就當作是對方來陪我做會話練習吧。

學生餐廳也是練習英文的好地方

前面曾說過我第一次進語言學校宿舍學生餐廳忐忑不安的心情，其中有個小插曲。

到學生餐廳點餐，如果點三樣菜之內是免費的，若點超過三樣菜則要加錢，一瓶礦泉水也算在三樣菜之內。

餐廳每天都會準備不同的主餐，學生可以點個主餐，外加兩個配菜，就能飽餐一頓了。

第一次到餐廳點餐，還記得在點主餐時我跟員工說：「I want this.」

沒想到那員工把手往口袋一插，回我：「I don't know. You speaking.」

我當場有些不知所措！我就是不知道如何說這主餐才說I want this，沒想到那老外員工回我I don't know！要求我直接說出主餐名。

那時候我的第一個反應是：這老外瞧不起我這個亞洲人。

但後來我回想，他應該是在機會教育：Hey girl！妳已經來到語言學校了，大膽開口說英文吧！

我感謝這位給我第一個震撼教育的老外，因為他提醒了我，到倫敦我該學會的第一件重要的事：開口說英文。

看報紙與電影學英文

雅思中的閱讀測驗，經常會從時事出題，因此老師說，平時要多看報紙。倫敦的報紙種類非常多，有地鐵發的小報，有工人階級看的運動、八卦類報紙，也有中產階級看的正經八百報紙，像《泰晤士報》等等。

老師要我們注意各大報紙的主標與文章，閱讀測驗也許就會從這裡出題。看報紙能練習閱讀，此外，老師還教了練習聽力的方法——看電影。

按照老師的教導，我挑了自己愛看的電影，比方說《麻雀變鳳凰》《第凡內早餐》。我會先把字幕上的所有對話抄在紙上，接下來取消字幕，一遍又一遍只用聽的方式看電影。

《麻雀變鳳凰》我至少看了二十遍，《第凡內早餐》也不遑多讓，久而久之，所有對話幾乎都能背了。

抱著一股既然來了就絕對不回台灣的執著，我一邊把眼淚吞入肚、一邊苦讀三個月英文，皇天不負苦心人，六月的雅思考試我順利過關，看到倫敦時尚學院Specialist Make-up Design學系的入學名單中有我的名字，我開心得不得了，趕緊跟家人報告這個喜訊。

如願以償成為大學新鮮人，我如釋重負，激動的眼淚再次奪眶而出。

……

通過雅思這一關，入學後更多壓力接踵而來。

做作業、做報告、寫小論文（essay），還有我最害怕的——上台為自己的作業做簡報。

倫敦時尚學院（LCF）老師的上課方式開啟視野

還記得一進入倫敦藝術大學，校方發給每位新生學生手冊，裡頭明文寫著：

亞洲學生的通病，是教授說一就做一，教授說二就做二，不發表任何意見，但是在倫敦藝術大學，老師說做一，學生就要做二、三、四、五、六、七……

這段話深深擊中了我，我更確認選這所學校是對的。學校對於啟發學生的創意不遺餘力，校方要學生帶著全新的自己離開學校。

此外學生手冊中還寫著：

學校的教授十分注重歷史，請學生先把歷史讀熟。教授不在乎學生的完成作品，而是在乎創作的過程。

這所國際知名、世界各國學生競相爭取入學的大學，歷年來收了不少亞洲學生，校方深知亞洲學生的通病為何。

一拿到學生手冊，我立刻給自己壓力，戰戰兢兢了起來。

學校有一座資料豐富的圖書館，**任何答案都在這裡**，我心想既然已入寶山就不能空手而回，過去在台灣念書我從來沒進過圖書館，在倫敦時尚學院下課後我往往不直接回宿舍，而是留在圖書館裡查資料，一直到七、八點才離開學校。

成為大學新鮮人之後也有許多派對的邀約，比方說Friday Night Party，除非是關係好的同學力邀，我大部分都會推辭掉。

也許**因為我是先工作再出國念書，有非常明確的學習動機和目標**，玩樂或交朋友並不在我的目標之中，自然而然排除掉這些也並不可惜。

第一次作業（project）的考驗很快到來。

Specialist Make-up Design的作業安排是循序漸進的。第一學年的作業由一人獨自完成，第二學年作業由兩人為一組完成，第三學年則由六至八人一組完成。每一學年的作業都分成上下學期共兩個作業。

從找資料、與教授討論題目方向是否可行、到實際執行，一個作業大約需要三到四個月時間。

第一次作業教授訂的主題是：「雌雄同體Androgyny」。

男變女要如何表現在作業上呢？我想到的是可以模糊男女之間的性別界線，不管是時裝或是彩妝。我去翻閱了大量雜誌與書籍收集資料，剪輯出我對性別界線模糊的概念，我準備了大量的照片與圖片，但由於彩色影印非常貴，我大部分是黑白影印，為了增添色彩，我另外再加上手繪圖以及彩妝圖卡。

還記得，上台簡報的前一晚我完全睡不著，在腦海中不停演練簡報過程，直到太陽升起。

上台前，看到其他同學先簡報的精彩作業，不管是剪貼圖片或是手繪插圖都在水準之上，在表達自己的創作概念時也生動自然。我頓時覺得自己做的作業零零落落的，相較之下好遜色，於是更加緊張，輪到我之後，以顫抖的聲音在列席的教授以及上百名同學面前說明我的創作概念。直到下台時，雙腿還在發抖。

接下來就是等待與教授的討論時間了。

教授對我說：「Shuling，我建議妳收集資料的面向可以再更廣，無論是歷史的資料，甚至是建築，都可以是收集資料的範圍。妳找的滿多是現成的時裝資料，但這不是我們要的，因為這idea是別人的，我們希望看到的是妳在熟讀這些時裝的歷史後，所得到的見解。」

教授再次強調：「More research!!」

聽到這裡，我忽然懂得學生手冊中所寫的：請學生先把歷史讀熟。教授不在乎學生的完成作品，而是在乎創作的過程。

比方說，我在一位女性的臉上畫了鬍子，而畫上鬍子這概念，也許是從黑白默片裡卓別林他那經典的小鬍子而得來的啟發；又或者是十八世紀的瑪麗皇后喜歡在臉上點上美人痣，點痣因此成為貴族間的潮流，直到今日，仍有不少藝人在做造型時模仿。

教授要求學生們去研究美學的歷史進展，從十五世紀到二十世紀，再從二十世紀的二〇年代到九〇年代，觀察不同年代的人們穿的服裝、流行的妝容。

希望學生熟悉歷史，是認為這能幫助學生成為有底蘊的彩妝師，日後在發揮創意時，能從歷史根源中找到可運用的元素，而這就是所謂的創意。

懂得比別人多，自然比別人更容易發想創意。創意不會憑空出現。

此外，教授又對我說：「Shuling，妳的作業裡以文字居多，建議妳畫圖的東西要再多一些，多展現妳自己的想法。」

我發現，歐美同學除了表達能力比亞洲學生能力強，更是幾乎都擁有相當好的繪圖能力，這部分是我過去在台灣學習時較不足的地方。

系上一年級的課程有為學生安排素描課，正好可以補我繪畫能力的不足。

透過這次作業，我所缺乏的能力全都攤在眼前。來英國這一趟，真的來對了！

第二次作業脫胎換骨

經過第一次作業的震撼教育後，我感覺到自己的膽子練大了些。

拿著我的作業，我私下去找作業做得特別生動的外國同學，請教他們做作業的訣竅，並且請他們給我的作業建議。

就如教授說的，同學們較少用文字，而是盡量用插圖呈現自己的概念。

我發現這些外國同學隨身會帶著筆記本，一有idea就隨手畫下來，捕捉創意靈光乍現的同時，也記錄身邊發生的獨特事件，他們的態度相當值得我學習。

讓我雪恥的機會來了，第二學期教授再次出題，這次的主題是「電影」。

由於曾看過關於芙烈達生平的電影《揮灑烈愛》，她的藝術創作精神激勵了我，因此這次作業我決定的主題是：芙烈達．卡蘿（Frida Kahlo）。

儘管因為車禍而成為殘疾人士，她仍然不放棄畫畫。此外，芙烈達的妝髮太特別了，就算她把眉毛畫成連成一線的一字眉，但還是讓人看起來舒服，還是覺得她是個美人。

芙烈達是我第二次作業的繆思。

我好奇於芙烈達的美感養成從何而來？透過第一次作業，我更加體會到學校的圖書館是取之不盡用之不竭的寶庫，想找的歷史資料這裡都有，為了搜尋芙烈達的各種資料，我泡在圖書館裡的時間變得更長了。

我想在作業中完整呈現芙烈達的創作精神與她的美學。

不但充分研究芙烈達的歷史，以及閱讀大量相關書籍與雜誌，此外，墨西哥這個國家的文化根源也要放入研究範圍中。

這些研究而收集來的資料，我整理出脈絡後放入作業中，並且凸顯芙烈達個人與畫作中的特點，此外我找室友的女朋友當模特兒，依照作業概念嘗試不同的妝髮，並一一拍照下來。

例如強烈的色彩，頭上的花朵裝飾，而芙烈達的招牌濃眉，還記得我是用畫筆一根根眉毛仔細畫上。

我還觀察到芙烈達當時的妝，往往是白粉底搭上濃眉，很少撲上腮紅。我心想：為什麼不能加上腮紅？

於是參考十六、十七世紀的畫作，如〈戴珍珠耳環的少女〉，畫中少女跟芙烈達一樣有著白皙肌膚，但加上淡淡的粉橘色腮紅之後，五官變得更為立體、膚質看起來也更為Q彈，於是我也為模特兒加上粉橘色的腮紅。

謹記著教授說的不能依樣畫葫蘆，在創作繆思的原本風貌中，要融入自己的創意，最後，作業呈現出我重新詮釋的芙烈達．卡蘿。

又到了上台與教授和同學們簡報的那一天。由於準備得十分充足，這天我更有自信、更能生動地說明我的作業創作概念。看到台下的教授與同學們聽得津津有味的表情，我知道我說動他們了！

在簡報後的討論時間，教授對我說：

「Shuling，這次作業做得不錯喔！」

我心中的大石頭終於放下了。得到教授的肯定，自己的能力也隨著這次作業的製作過程而提升，接下來，我更有信心能一一克服種種考驗了。

在LCF課程中，收穫最多的幾堂課

⋯

經過兩次作業的磨練後，我「觸類旁通」的開關被打開了。

例如當我在翻閱關於埃及文化的資料時，過去我只會注意到金字塔，而現在我則會注意到刻在牆上的壁畫。

我赫然發現，這些壁畫中的埃及人物圖像，他們臉上長長的黑眼線，跟京劇中的臉譜有異曲同工之妙！

第三次、第四次作業，是兩人一組的作業。我越做越順手，最後得到了教授「Very good!」的評價。

從害怕團體作業變成優游其中

到了第三學年的團體作業，又是另一種考驗——溝通。

教授將全班學生分成以六至八人為一組，以小組為單位完成作業。我這個小組分配了六個人，除了我之外，其他都是英國人。

最開始時要選出leader，他需要先分配工作給每一個成員，接下來是討論作業主題。

當時我最害怕的是，我說的英文他們能懂嗎？他們能認同我的意見嗎？因為害怕被拒絕，過去在台灣，在團體裡我總是當個沒意見的人……因此在開會前一天，我先把要說的話寫在筆記本上，到了討論時，幸好都能派上用場，同學們能包容英文不是我的母語，也都能理解我的意思。

過去我總覺得英文講錯了會很丟臉，但在與同學的互動中，我突破了心防：**英文沒有這麼難。沒有人在乎你說錯，更重要的是你願意表達。**

組員中的英國同學都是一邊念書一邊打工（我則是暑假時回台灣拚命接案，一口氣賺到學費與生活費），每到團體討論時，往往會有一、兩位同學因為忙於打工而沒完成進度表內該做的事，使得討論變成爭吵。

每當我看到同學們在吵架時，總是心驚膽跳。團體作業所占的分數比例非常重，萬一沒過，我可能沒辦法畢業，前兩年的努力會前功盡棄……

我後來得知，教授要我們做團體作業，對於成品做得好不好他並不在乎，而是在乎小組成員能不能同心協力共同完成一件事。

沒想到，才一開始危機就浮現了。

小組內除了忙於打工的同學，還有自恃甚高，不聽從其他意見的人，狀況百出。我心想：這個狀況不趕快解決怎麼得了！**我不喜歡坐等，解決問題必須Right Now！**

當時有個同學住在第六區，為了緩和氣氛，她提議小組全員到她家一起完成團體作業，我舉雙手贊成。

當時我住在二區、學校在一區，月票已經要六十幾英鎊。坐地鐵跨區到六區，一趟要多花二十幾英鎊，但為了成績，這錢還是得花。

同學家是獨棟建築，沒想到我一踏進她家門，就把做作業這個任務全給忘了。我開始細看她家裡的擺設，還有她的房間。同學的房間布置得有如美劇裡的場景，走bling bling的夢幻少女風。

這位同學還自己下廚，做家常料理給所有同學吃。大家突然同心協力了起來。

我突然覺得把作業做好不那麼重要了，重要的是過程。

我開始跟同學聊天，喜歡觀察的我，去盡情體會英國當地人的生活，每一個體會都很新鮮，讓我回味不已。

教授說得沒有錯。作業完成得到的只有評價和分數，而我從做作業過程中所得到的收穫，比得到好評價還珍貴。

與班導或指導教授一對一談話

在LCF每學期都有一堂課，由學生與班導或指導教授一對一談話。

老師會問學生：「你來這裡上課有沒有什麼問題？」

學生絕對不能回答「OK, very good」之後就結束話題。

不管是好事或壞事，老師期待學生能夠把所有事情說得越具體越好。

如果學生企圖三言兩語帶過，老師會繼續進逼：「那你上過這堂課之後，有想提出的問題嗎？」「在這堂課你做過什麼作品？」……等等，他們總是非常有耐心地引導學生表達。

在這門一對一課程中，我印象最深刻的是剛進學校不久後班導問我：

「Shuling，妳是個很認真的學生。有的作品教授說妳做得還不錯。妳曾經有過彩妝的相關工作經驗嗎？」

「有，我做過make-up artist。」

「妳做make-up artist多久呢？」

「我做過八年。」

班導繼續問：「為什麼會想來LCF念書？」

我坦白地說：「這八年工作讓我感到很疲累，而且感覺不到自己還能有所突破。」

「那麼來學校這半年多感覺如何？」

「技術性的層面我大致都懂，但在speaking這部分讓我學到最多。」

又或者是每個學期都要寫的小論文，指導教授會問：

「為什麼你的論文結構是這麼安排？這裡為什麼要這樣寫？」

教授從不說學生寫得不對，而是要聽學生之所以這麼寫的原因。

學生是主角，老師們只是引導者，他們尊重學生的想法。

老師們也從不責罵學生，而是用鼓勵的方式跟學生說可以再多往哪個方向找資料。

以鼓勵取代責罵，過程遠比成績重要的教學觀念，後來也成為我的教學風格。

回台灣之後，台中的弘光科技大學邀請我去教在職專班，我對學生說：

「成績不重要，我希望的是你們不要蹺課，盡量每一堂都到。出席率高的同學，我一定會讓你過。」

那時學校的助教聽到「成績不重要」時嚇了一大跳，來跟我說：

「不可以跟學生說成績不重要，學校跟學生都在乎成績！」

我堅持地說：「我覺得出席上課、認真做作業才能真正學到東西，考試成績只是其次。」

在我的堅持下，學生如我所願幾乎都有高出席率，就算來不及吃晚飯，也準時坐在教室裡。我也仿造過去在英國的模式，給學生出作業，請他們廣泛地搜尋資料與了解根源。

我的教學風格獲得學生的肯定，不吝惜在教學評鑑給我高分。到後來連日間部的學生都想選在職專班晚上的課。

這些觀念都是倫敦時尚學院的老師們留給我的禮物。

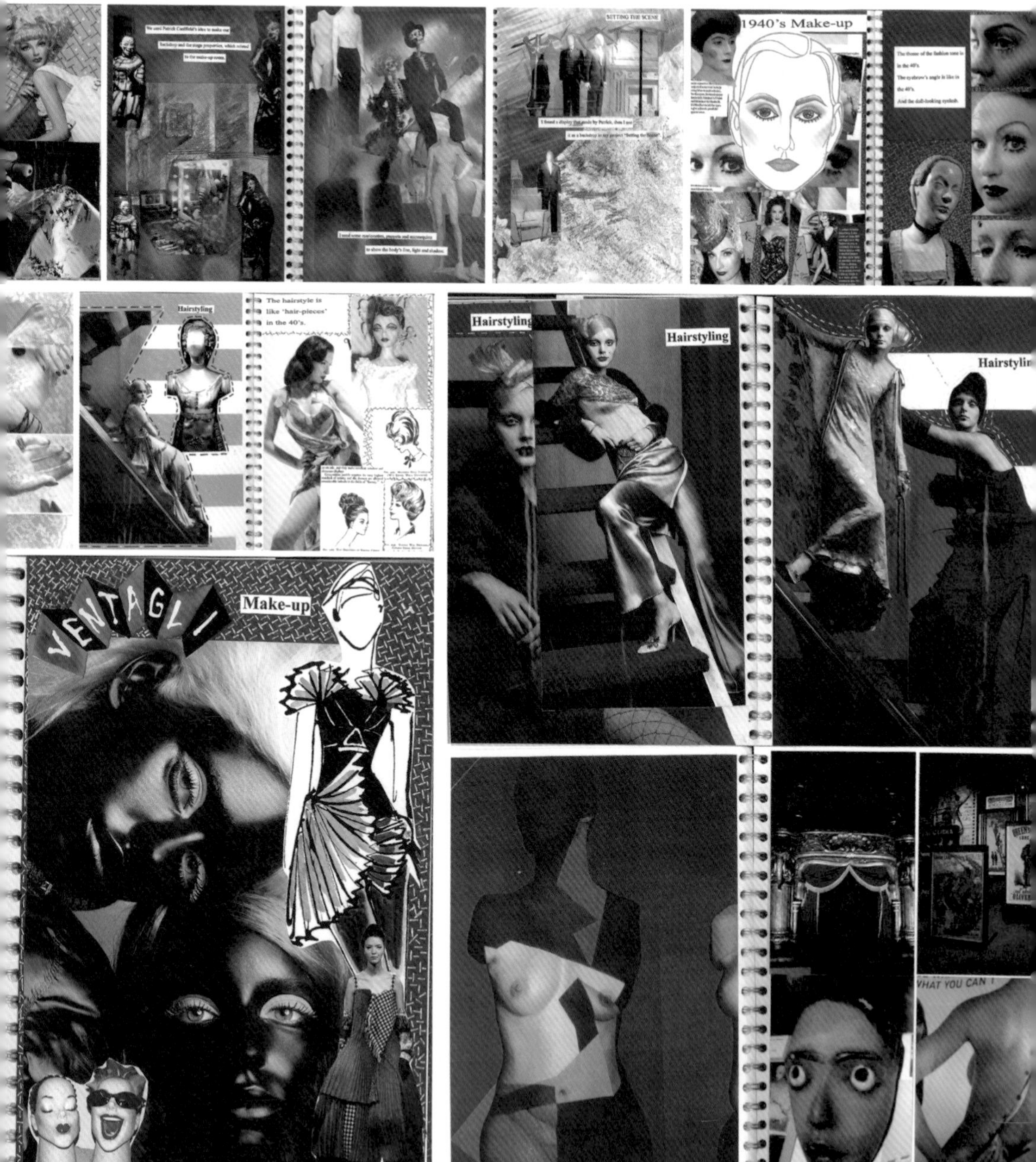

創意／製作：簡淑玲 Lynn Chien

SETTING THE SCENE

倫敦時尚學院第二學年作業

● Special Interview 作品解析 ①

從作業磨練**想像力**

Q 請談一談這個作品的概念背景？

我們在每一次作品產生之前，必須進行research（研究），並且跟教授做無數次的討論。我記得第一年剛開始，常常搞錯教授給的題目方向，當然不只我，還有其他學生。所以在每次討論中教授會說明為什麼要進行這個題目？會問學生為什麼要從這個方向去思考？想要表現的重點是什麼？等等，用許多問題來刺激與啟發你的答案，主要希望我們從每次的作品中激盪自己的想像力。

我過去的工作是幫人家「化妝」，我想也許可以連結到「theater」〈劇場〉來作為題目。會有這個想法有兩個點：一個是在倫敦看歌劇、看表演似乎成為日常，我住的地方在二區、上課的地方在一區，常常會看到許多劇場，很多人排隊看戲。譬如要看《悲慘世界》我知道要到這一家看，看《媽媽咪呀》《We'll Rock

You》就知道要去哪裡看……這些每天經過的視覺與視角自然在我的腦海中，成為創作的點。另一個是有一回我們去參觀製作「假人」的工廠，那次讓我非常驚豔，他們竟然可以把「假人」的層次做出來，不是像台灣的假人模特兒千篇一律只有一種顏色……教授帶我們參觀工廠的用意，主要讓我們去學習「立體的陰暗」，因為立體的陰暗與顏色有關，工作人員要懂得如何去調整顏色。

Q

產生了概念後，可以說明與教授討論的結果如何？

當我把作品以「劇場」的概念與教授說明後，他覺得很好，但必須要具備「故事性」。所謂的「故事性」是賦予你所呈現的主題想像更多的細節。過去我在台灣完成一個作品，可是我講不出作品的過程，即時講了也是零零落落，但在英國，我必須從過程中去學習，然後再進行完成作品，這一點非常重要。

我念的項目叫做「fashion editorial」，相當於時尚編輯企劃。雖然化妝師是時尚的一個環結，但這門課的訓練，你創造的每一個主題任何細節都要找資料。搭配何種髮型？模特兒的姿勢要如何擺？你不只是會不會化妝、會不會做頭髮而已，更要學會傳達與溝通。

· The idear of this project comes from this image 'Theatre'!

01 開場以「theater」為主題雛型。

02

平常收集的 DM，宣傳品，或是地鐵內免費的資料 、Free Paper，都可以成為完成作品過程的素材。在國外不論洗照片、影印、買雜誌，另外買剪貼簿不論大小，都不算便宜，所以能夠利用免費的材料，平常的蒐集非常重要。

SETTING THE SCENE

I drew this picture and basically the idea came from this artist "Patrick Caulfiels".

教授建議不一定都要做剪貼，也可以嘗試素描。剪貼的素材有時會利用圖書館影印，有時買雜誌，但兩者都很花錢。於是開始描摹別人的海報資料，我的主題是劇場，舞台背景也要畫。

03

04

模特兒是真人，但卻像假人，跟我參觀假人模特兒工廠的靈感有關。真與假，假與真當中如同劇場的概念，模特兒穿的絲襪原本要穿真的絲襪，但教授給我一個建議可以用畫的，並且以攝影的距離，更能讓人有「以畫亂真」的效果。

Hair Practic

Uses the white

hair-piece and warp

it tin circle!

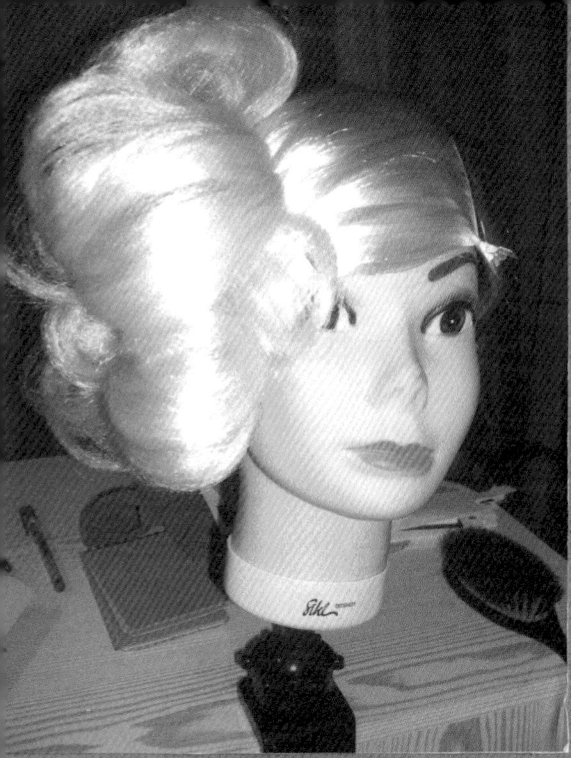

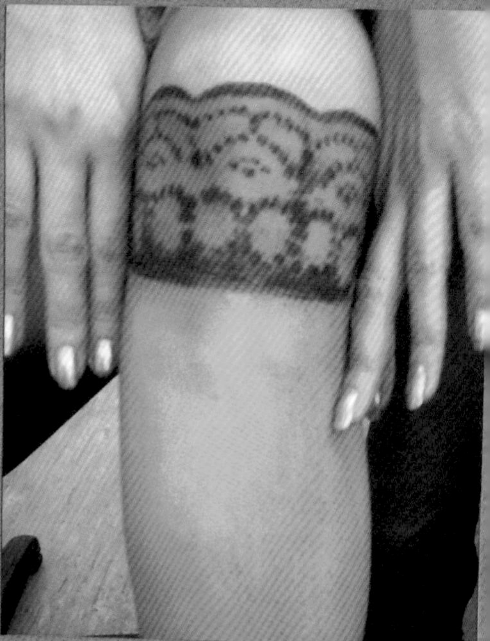

Body Painting

We used the pink colo

body painting product

and painted on the leg

and make it look like

r testing-

Hairstyling

我到法國去學化妝時，課堂上印象很深刻是我必須看著電視的螢幕，而不是只以模特兒的平面來畫，這樣我才能清楚在螢幕中的凹凸面中，光線透過攝影機產生出來的效果，因為視覺上會有假象，就好像有些人上電視，會看起來比較胖。

05

06 這個作品的完成時間是兩個小時。在兩個小時中從素顏到化好妝，到髮型服裝，到模特兒的姿勢設定，時間非常壓縮，之前要做許多次的練習，然後慢慢從三到四個小時，漸漸再濃縮至兩個小時，如果在這個時間內沒有完成，等於沒有完成這個作品。

'Setting the Scene' Final image

創意／製作：簡淑玲 Lynn Chien

CHINESE OPERA

倫敦時尚學院畢業作

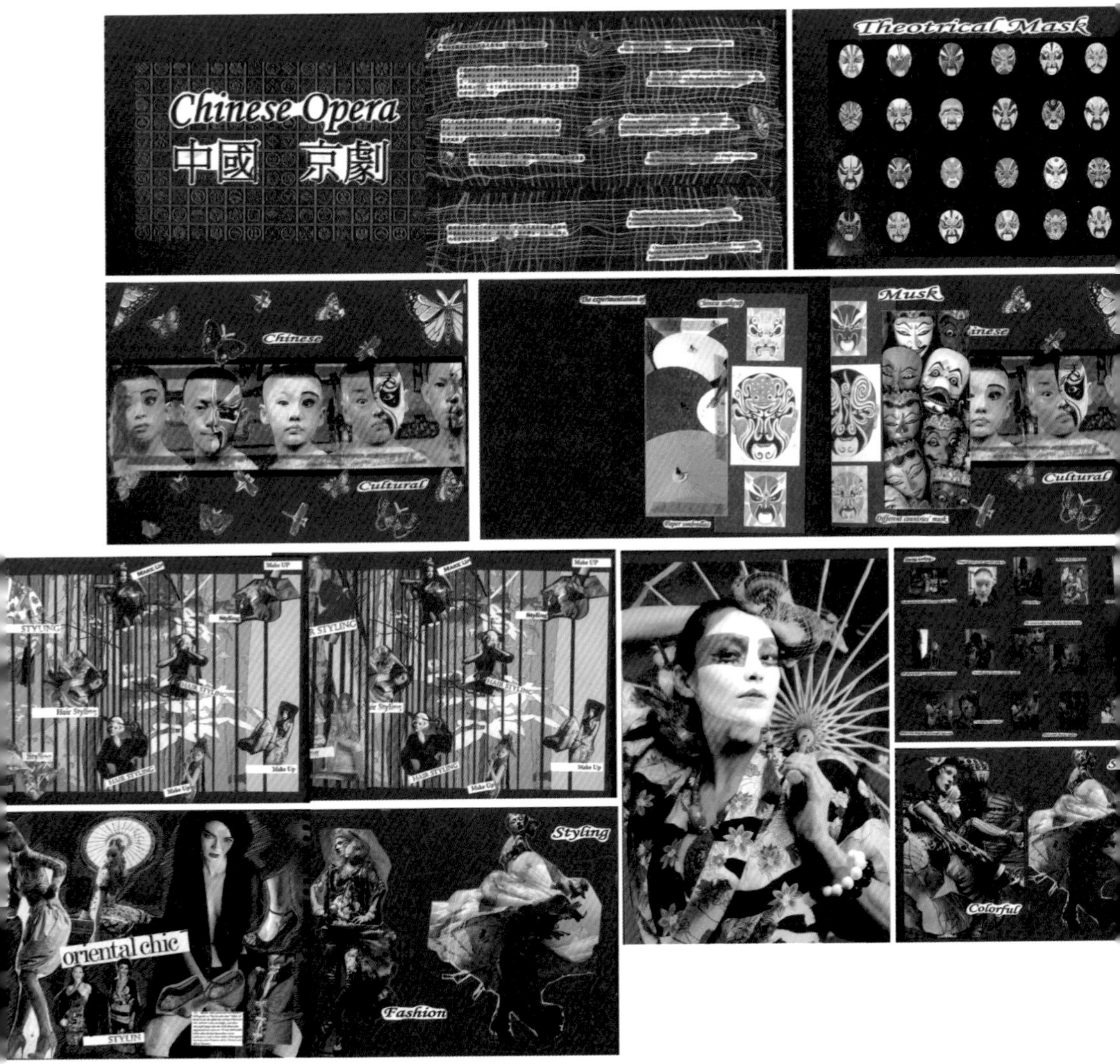

● Special Interview 作品解析 ②

從作業培養**原創力**

Q 這個作品是從京劇來延伸的？可以談一談製作過程嗎？

應該是我想到「霸王別姬」張國榮在劇中有一幕，他對著鏡子畫臉，那一幕讓我滿震撼，怎麼可以畫得那麼美！原始點應該是從這裡開始的。

我在台灣工作一段時間之後到英國念書，工作久了慢慢會想如何去啟發我的創作？過去我只靠翻一翻流行雜誌，看看今年流行什麼妝然後跟著畫，但我漸漸覺得這無法解決問題，因為花錢買雜誌，上面的創意都是別人的idea，我要如何說服我的客戶，這個妝是我個人的創意，我講不出來，毅然放下一切到英國學習，我想去看看別人的原創如何產生，從哪裡學？

也因為在每一次的作業中，我們幾乎都要花上一個學期，將近三個月的時間來完成一個作品。每一次的研究過程，發現「歷史」對原創力幫助很大。

以這個作品來說，從觀察京劇臉譜開始，細想為什麼臉譜會做這樣的配色？所以跟色彩學三原色有關；又，每個臉譜色塊的形狀表現出每個角色的身分，是主角，還是丑角？但我不能照抄臉譜的妝容，要思考從臉譜中結合時尚感，並蒐集關於中國風、藝妓、屏風等等素材。

這個作品我找了三個模特兒，等於兩個小時之內要搞定三個人的妝髮與服裝造型。但為什麼是三個而不是一個，可能我覺得中國風要聲勢浩大，只有一個好像太單薄了，所以有點自找麻煩以三個人來表現三種不同的風格（笑）。這三位模特兒有亞洲人與歐美，等於是西方與東方的結合。

底紋是日本同學送的餅乾包裝紙。養成平日
蒐集素材的習慣，總有一天應該會用得上。

01

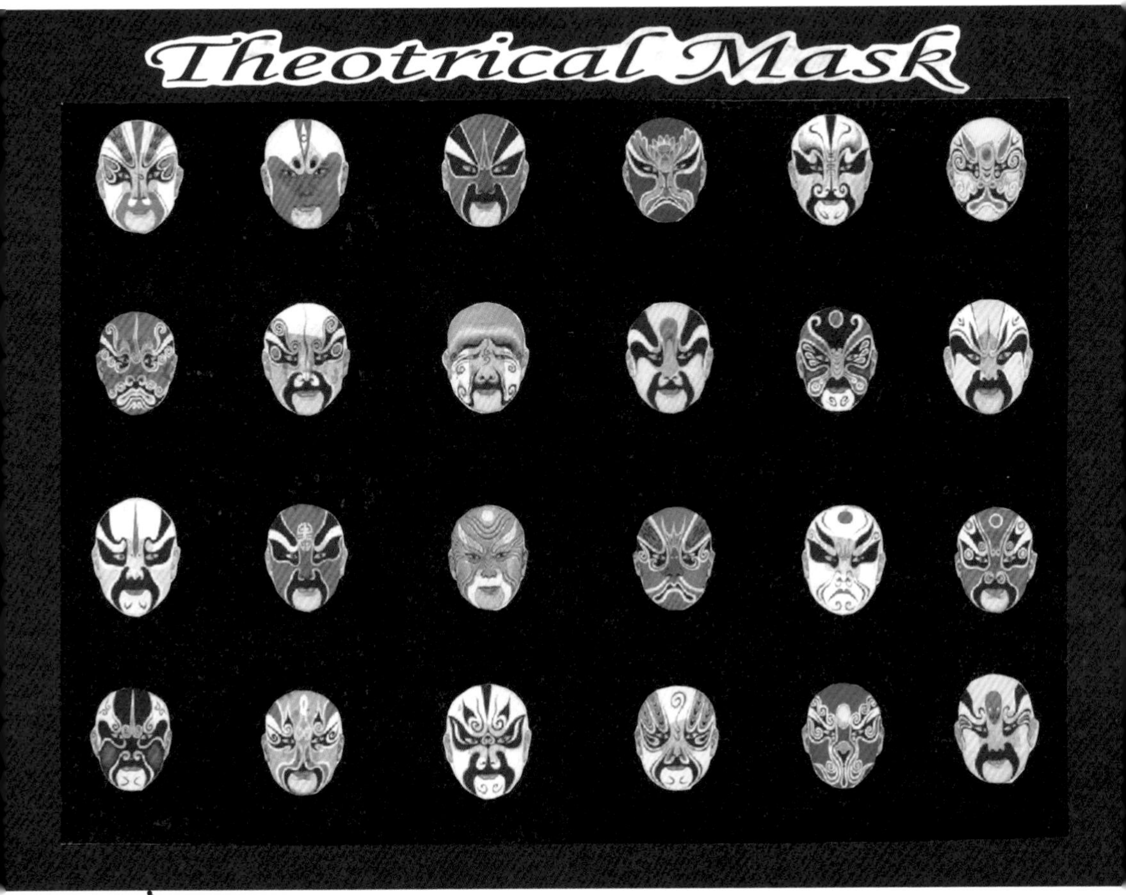

02 從每一張臉譜中觀察配色與每個圖形代表的角色。

03 從瓷器的花紋中找到創作的靈感。

I found some China designed Porcelains patterns and colors,
transmitted the Chinese cultural and construction.
Chinese
Cultural

也觀察各種不同國家的臉譜面具。 04

05

這些測試的紙上作業，讓老師看到你有認真練習，你試過各種方式，要如何呈現美感，然後自己再去慢慢修正……這些都是你的點子，別人模仿不來，因為如果你是抄襲的，就沒有這些過程。

I tried different colors of eye shadows, pink and yellow.
Make Up
Make Up
Chinese opera is the most historical and traditional opera which transmit the Chinese culture.
Make Up
Make Up

06

這是我的香港同學，每次畫都拍照下來，每次畫都不同，一直改，一直修正，眉毛本來用貼的，後來改成用畫的。

07

之前試過白色的並不好看，於是換成彩色，並留下筷子。這個彩色假髮在黑人區買來的，那裡的東西特別便宜，學校附近的幾乎貴兩三倍。

Makeup testing
Green lips
I tried different colors of eye shadows, pink and yellow.
I used blue and pink color of hairpieces.
Test Hair
Test
Try to use different colors together on the eye shadow: blue with yellow and green with yellow.
Red lips

08

彩色假髮用髮網包起來，然後再用髮夾夾起來固定，不會垮下來，外國人的頭髮有時很滑，如果製作時整個掉下來會打亂時間。

10 這裡我利用透明壓克力片來做測試練習，可以重複使用，試畫任何膚色的配色。

Makeup sketching
Using red shinning glossy card papr to cut out the shape of eyebrow.
Eyelashes

09 另一個嘗試是練習畫小嘴唇，畫了之後並沒有特別滿意，感覺頭重腳輕，老師也建議也許小嘴唇符合主題，但現在學的是時尚，要以美感為主，建議畫飽滿一點的嘴唇會比較好看，也符合五官比例。

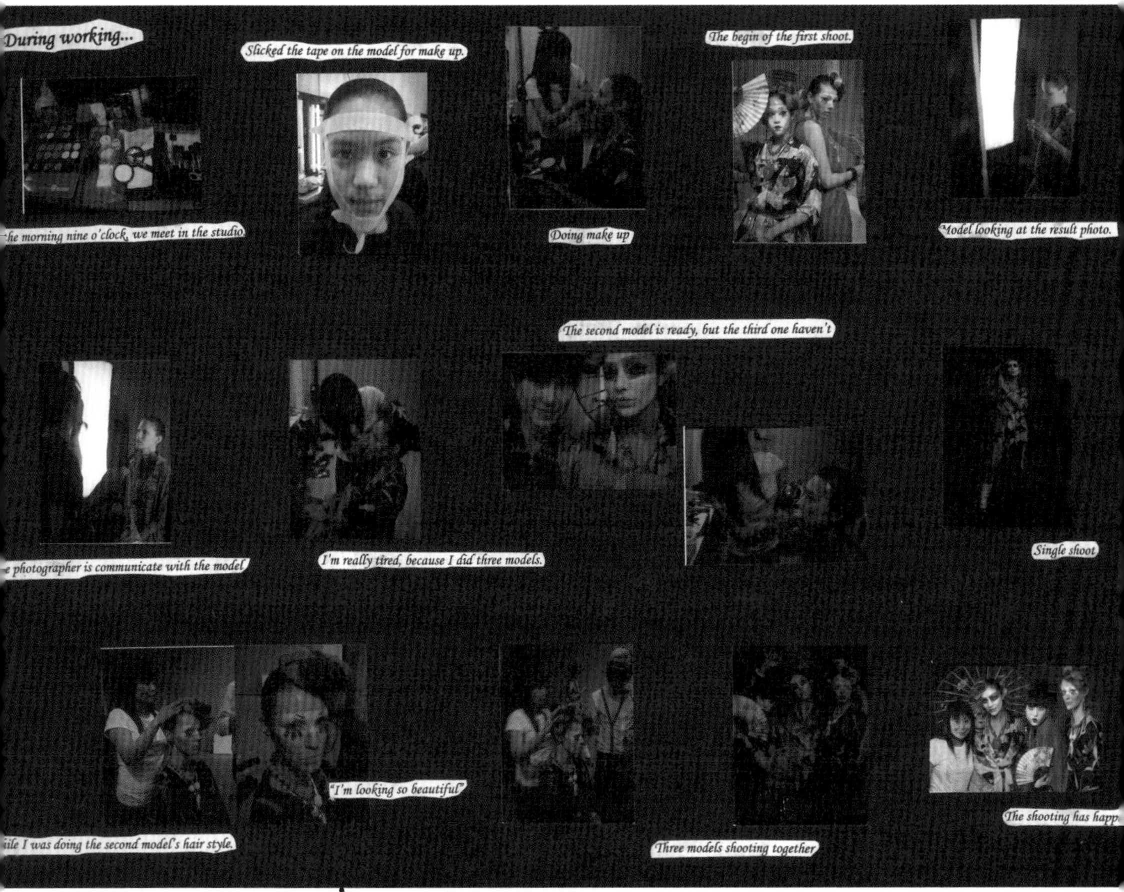

11 在這個作品中，我也放了整個製作流程，讓大家更清楚每一道順序。

12

這個作品讓我學到白色粉底如何上色彩。通常白色粉底很難畫，因為平常我們畫的都是自然色粉底，當畫上彩繪粉底就會容易裂，無法按蜜粉，打底妝時就會弄得到處髒髒的感覺，我先用膠帶貼出不要塗的地方，像刷油漆一樣。

13

每個人的服裝都先設定，配件像雨傘、扇子也要先買好。本來希望都拿雨傘，在台灣的民俗街買一只是一百塊，但在英國買一只兩百英鎊，而且只用一次……兩百英鎊其實可以做更多事……只好一人拿傘，一人拿扇子。

14

背景直接請攝影師打出有層次的光。

15

絲襪無法像之前一樣用化的，直接找有刺青的絲襪。紅色的絲襪比較厚，剪成一半，就變成這樣。

16

跟同學借的睡衣，肩膀的地方破了，直接綁起來，也讓模特兒裡面穿小可愛。

Q 這個作品一開始就想用京劇概念，但在執行的過程中，是否有想過換主題做？或者其他的作品中有想放棄原先所設定的主題嗎？

初期的作業有，因為覺得做得不好。每次我們這些本子都要放在桌上，讓每個人去翻閱，當我翻到別人的作業再看到自己的，覺得其他同學都做得很豐富。尤其第一年進去時，為了省錢，我所有的素材都以黑白印，而且是學校圖書館免費印的，實在是彩色影印太貴了。結果交出去的作業被老師說太簡單，並且看不懂我要表達什麼。沒有什麼起承轉合，有時甚至方向錯誤，前後沒有關聯。

「Research」要言之有物，也要有美感，讓人想一直翻下去。

老師說，more research，more research……但我總覺得自己已經想很多了，不明白還要再多什麼？老師又說，你可以用手畫，可以擷取歷史資料，清楚表達自己為什麼要這樣做，為什麼要那樣畫……現在回頭看看我的初期作業，的確真的沒有自己的思考與想法，感覺好像只是交差了事而已。

從英國回來後，我有在弘光科技大學（化粧品應用科學系）教書。上課時我拿出在英國的作業，也要求同學自己要做research，我認為在班上考試化妝的成績並不是那麼重要，然而一本屬於你自己的research，是為自己負責。你親自完成才會知道概念與創意從哪裡來？課堂上化出一個黑人妝或一個六〇年代的妝，下一秒走出教室可能你就忘了，但通過自己研究、採集、找資料、手畫，是深刻記憶，是別人偷不走的。

Q

妳怎麼看自己在英國這兩年的創作成長？

有時候回頭看自己做的東西，產生一個想法是，我下次有什麼地方可以做得更好的，任何一個作品只有自己看才會知道。一開始第一年沒有人告訴我該怎麼做，上課老師講英語，聽不懂時問同學，每個人都有一堆作業，每個人的時間都非常有限……只有自己咬牙埋頭鑽研，當然老師也會告訴我們哪裡需要改進。等到你學到了精髓，越做越好，越得到鼓勵，就會產生想要繼續挑戰的動能。雖然做得不好的作業，很想丟掉，但我還是留下來給自己一個比較。

剛從英國回來後，二〇〇五年ELLE找我合作一個單元，是一個包含五個主題的妝髮，在這個合作裡，如果我沒去英國念書，絕對無法化出這樣的妝髮，等於這是我在英國兩年所學的「原創力」，在這五個作品中一次發揮。

Makeup：簡淑玲 Lynn Chien

每一次的嘗試都是累積——

2005 ELLE 年度經典美妝書 Beauty Book

學會表達，學會溝通，得到自信

⋯⋯

在倫敦時尚學院三年，我練出了膽識，表達與溝通能力也得到脫胎換骨般的成長！

學校的教授非常不喜歡說一是一、說二是二的學生，他們總是希望學生能說出不同於教授的見解。

教授喜歡用提問的方式訓練學生的思考與表達，在倫敦我最常聽到教授問的問題是：你為什麼會這樣做？會這麼想？

如果我能充分表達自己的想法，說到讓教授認同，我每每都會有種「我贏了！」的感覺。

而前面提到的個人作業與團體作業，教授也是希望我們學會溝通。

不只是教學者，與外國學生交流時，他們更喜歡聽到的是創意的激盪，而不是總是在附和他們的對話。當其他同學在發表作品時，他們總是專注聆聽同學的簡報內容，並且主動舉手發問。

在彩妝師這個領域、甚至是藝術領域中，能夠清楚表達自己的創作概念，並且能與人順暢溝通，或許才是最重要的能力。

去英國念書前，當我面對客戶時，我總是一坐下來就安靜地把妝化完、把頭髮梳好。只要把事情做對，通常就不會得到客戶的抱怨，但客戶並無法了解我化這個妝、梳這個髮型的概念究竟為何。

從英國回台灣之後，我改變了。

在面對客戶時，我會**主動**跟客戶詢問幾個問題，並且說明接下來的化妝概念，接著才動手化妝。例如：「你平常有沒有化妝的習慣？」「你的皮膚會不會過敏？」或是：「等一下我會幫你貼雙眼皮膠帶，因為你的眼睛一大一小」「你的眼睫毛很長，不需要畫眼線，只要刷睫毛就好」……等等。

每個人都有自己的習慣與忌諱，我都希望在上妝前能先了解。比方說有的人喜歡把眼睛畫成圓的，但我覺得這位客戶適合長形的眼睛，我便可以技巧性地說服對方：「其實我覺得你比較適合長眼睛，因為……」沒先跟客戶說明就直接把眼睛畫長，很容易演變成不愉快。**在缺乏溝通下，客戶或許不會再信任你這位彩妝師，甚至覺得你的化妝功力很**

差，直接否決你的能力！

如果我能先主動說明與詢問，客戶在接受我的觀點之後，更能放心地把自己交給我，在雙方良性的互動之下，化出的妝有時候反而更能達到超出預期的效果。

而有的時候，甚至是客戶會反過來先問我：「那妳對我的妝有什麼想法？」

這時候我不會被問倒，總是能侃侃而談，這也是在英國被訓練出來的能力。

再更進一步舉例。出國前我接案子，總是被客戶或攝影師牽著鼻子走，對於拍攝順序不敢有任何意見，有時候不恰當的拍攝順序反而拖長了工作時間。

回國之後，若客戶或攝影師說：「這次拍攝的順序是先拍A，接著再拍B與C……」

我會按照造型和妝的順序來考量，如果客戶或攝影師的意見可行就遵照，如果不可行，我會提出建議：「我覺得B的造型適合先拍，或許把A往後挪，這是因為……」

把我之所以調動順序的想法與客戶溝通，並且讓他們相信這確實可行，會讓客戶更信賴我的專業能力，覺得我已事先做好功課，透過充分溝通他們也能產生安全感。

「淑玲，妳考量得好清楚，那麼我們就這麼做吧。」

很少客戶會堅持己見，獨斷而行。

按照我的觀察，越是頂端的客戶，越需要溝通。

客戶們要的是彩妝師的獨創性。

一個會先為客戶思考的彩妝師，往往更能得到客戶的信賴。

那麼這些獨創性從哪裡來呢？從熟讀各種關於美與藝術的根源而來，也就是倫敦時尚學院教授所強調的：熟讀歷史。

熟讀並且融會貫通之後，這些底蘊便能取之不盡用之不竭。

比方說，每季的時裝週，不管是倫敦、巴黎、還是米蘭，像約翰・加利亞諾（John Galliano）或剛過世的老佛爺卡爾・拉格斐（Karl Lagerfeld），他們源源不絕的創意從何而來？就是從過往的服裝歷史得到啟發。

例如從一九四〇年代的服裝風格得到靈感，那時正值二次大戰期間，衣服強調簡省與功能性，甚至女性也能穿上軍裝……等等。

經典的時尚是歷史加上當下人們的生活所結合而成的產物。

天馬行空的創意當然也可行，但就是會不耐看。

有內涵，才能百看不厭。

化妝的趨勢也是如此。若我想要跟上世界的潮流，就必須要關注時代的脈動，並且加上我過去累積的美學資料庫。而這些都要能透過表達來跟我的客戶溝通，才能得到認可，才能完成完美的作品。

英國三年，我得到受用一輩子的寶貴能力。更從單純的make-up變成真正的make-up artist。

一切辛苦都值回票價。

第三章

不當讀死書的留學生，課餘吸收藝術與文化精髓

省錢不為敗物，而是為了充實自己

…

整個倫敦都是我的教室

不只侷限在倫敦藝術大學裡，留學三年期間，整個倫敦都是我的教室。課餘時間，我時常去維多利亞與亞伯特博物館（Victoria and Albert Museum）、大英博物館與泰德現代美術館（Tate Modern）。在泰德現代美術館，我最常坐著看畫作，在畫作前很長一段時間，只有我與它面面相對。

在台灣看畫展，由於人潮一波接一波來，加上展場空間小，每幅畫作只能走馬看花。但在大英，我能靜靜地與畫作面對面，不同時刻，看出不同味道。為什麼天空會畫這樣的藍？原來藍色可以畫出這樣的層次！

如果想了解畫作背後的故事，就去看畫作的中英文簡介。用這種方式念藝術，這記憶會刻在腦子裡很久很久。

除了看畫，我也在博物館裡素描。

素描課的老師建議我們去素描博物館裡的雕塑，我選擇了維多利亞與亞伯特博物館裡的仿製大衛像。

僅管是全白的人物雕塑，在光影下還是有著陰暗面。我頓時了解老師的深意。他要我們透過素描去「**觀察**」。

素描老師要我們在不同時間去。早上與下午的光影截然不同，陰暗面也不同，每一次都會畫出不同層次的大衛。

還有一項必看的是「櫥窗」。

例如倫敦Selfridges百貨的櫥窗太厲害了，有一回櫥窗的主題是南非，櫥窗裡展示的衣服與模特兒身上的頸紋等圖騰，讓我看了嘆為觀止。

倫敦還會舉辦櫥窗比賽，為了獲得勝利，各大百貨或門市各出奇招，讓過往的行人看得大呼過癮。

省錢買設計書與畫筆

學校有一座什麼資料都有的圖書館，但由於學生使用率太高，書不是被翻到泛黃、被人用色筆畫上一大堆重點，就是被借走。有些特別想珍藏的書，少則六十、七十英鎊，多則上百英鎊，我會存一段時間的錢之後，去向學校附近我最常報到的書店購買。

這些書，後來全都被我寄回台灣，至今仍妥善保存。

此外，每個月我會找個星期六早上坐地鐵去Whitechapel（白教堂區）一帶肖迪奇（Shoreditch）的紅磚巷（Brick Lene）採購畫筆與美術用品。這一個區域以十九世紀的開膛手傑克的犯案現場而聞名，但如今已變身為藝術家的新天地。學校老師說，這裡的東西品質好又便宜，雖然是龍蛇雜處的區域，街道髒亂了些，但跑這一趟很值得。

只要去這裡，我就請當時的男友（現在是我的丈夫）Tony陪我去。第一次去Brick Lene時，Tony說：「怎麼會來這種地方買美術用具?!」

「這裡的畫筆比學校賣的便宜好幾倍啊！」我說。

此外我私心推薦兩處值得一訪的美術用品店，一處是總店位於天使地鐵站（Angel Station）的Cass Art。Cass Art是英國最大的美術用品店，一共三層樓，所有美術用品一應俱全，喜愛繪畫的人必定會覺得如入寶山。另一處則是位於托特納姆宮路（Tottenham Court Road）的文具用品店Paperchase，這裡販賣各式各樣色彩繽紛、材質特殊的手工紙，當我做作業有需要時就來這裡找紙，一定找得到我要的紙，從來不會讓我失望。

離開美術用品店後，我與Tony通常會去附近的二手市場逛逛，吃點小吃與貝果，或買些做作業用得到的道具。倫敦的市場與outlet有許多寶可以挖，有些店賣的東西品質相當好，如果有朋友來倫敦找我，我一定大方帶他們去這些寶庫，朋友們都買得盡興而歸。

在市場不只採買必需品，觀察來來往往的人們才是我的重點。

倫敦有幾個市集，每個市集風格都不同。有的市集裡你能看到許多刺青客，有的市集充斥著來自各地的人們與各色人種，我喜歡觀察他們臉上的彩妝、穿搭風格、配色、配件等等。

時尚不停地在變化，倫敦又是走在時尚的前端，從這些人們身上我能看到世界潮流的趨勢，大大地滿足我的求知欲。

不管在台北、台南、日本、美國……國內外各地，我隨時隨地都在觀察人，**觀察人這件事，非常好玩！**一直到現在我都樂此不疲。

用「美」的角度看展覽與表演

英國人喜愛看展覽與表演，念藝術的同學尤其是如此。我常聽到英國同學在問：你有沒有去看哪個展？或是討論最近看了哪個展覽、看了哪部戲或是音樂劇，以及看了之後感受是什麼。

學校的布告欄上也常有免費或是提供學生折扣價的展覽資訊，藝術學校的學生生活不可能枯燥乏味，往布告欄前一站，就能為你提供放假時該往哪裡去的資訊。

因此在英國，我養成了去看展覽或表演的習慣。

印象最深刻的是，有一年我生日，有個英國同學請我去看現代舞表演。票不便宜，一張要將近六十英鎊，表演的地點是在倫敦皇家歌劇院。

男女舞者穿著膚色的緊身舞衣，在舞台上以肢體的張力訴說故事。

睛。

我專注看著舞者在舞動身體時，燈光如何隨之變化，以及布景的用色，看得目不轉

表演結束後同學問我：「Lynn，妳看了之後有什麼感覺？」

同學知道我是外國人，也許不懂故事的背景，還細心地為我解說內容。

對我來說，看不看得懂內容不是我的重點，以「美」的角度切入才是我注重的點。

光是能感受這場美的饗宴，我就已經心滿意足了。

以最省預算在歐陸旅行，觀察「美」

……

還記得雅思考完、入學倫敦時尚學院之前，有一、兩個月的空檔，我與幾個同學相約從倫敦一路玩到威爾斯。

旅途中經過許多英國小鎮，我發現每個小鎮的人們都有獨特的口音，並不是都說倫敦腔英文。起先我有些惶恐：「雖然雅思及格了，但我都聽不懂，怎麼辦？……」到了威爾斯之後，當地人說的是威爾斯語，那根本與英文是完全不同的語言，這時我才放下心。就像台灣有台語、客語、原住民語等不同族群的語言一樣，所謂語言最重要的不是聽懂，而是了解與感受不同族群的文化啊！

到不同國家觀察建築

在英國第一年，我與學建築設計的台灣室友計畫要去西班牙旅行。當我們買到五英鎊的便宜機票後，就背起行囊出發了！

這是我在歐陸的第一次壯遊。

我和室友兩個女生，從西班牙南部一路玩到馬德里、巴塞隆納。學建築的室友以及學特殊化妝的我，都想親炙高第的建築。親眼見到聖家堂，名不虛傳，比照片看起來更震撼。

起先我被教堂裡的一座座人物雕塑與花朵小雕飾吸引住了。人物雕塑每一個的表情都不同，雕飾的細緻讓我感受到工匠的專注與技術，像進入繽紛的花園一般，我在這些建築小細節中流連忘返。

此外我還發現高第的用色很特別，這是從書中的照片看不到的細節。高第喜歡把各種鮮豔的色彩組合在一起，讓我感受到他的熱情，跟這次旅途中我遇到的西班牙人一樣熱情，他們的熱情讓我想到故鄉台灣的人們，同樣好客、同樣不拘小節，我在西班牙度過一段愉快的時光。

當我到一個新的空間或是欣賞建築外觀時，我第一個會注意到的是顏色。我往往用建築外觀的顏色來感受一個國家或地區的能量與氣質。例如捷克給我的感覺是冷漠，牛津給我的感覺是陰森，巴黎給我的感覺是雍容大氣……等等。

舉例來說，每個國家的教堂外觀顏色略有差別，教堂內的光影明暗也不同。我發現，不管教堂蓋得多宏偉，只要內部的「光」不夠充足，我往往無法待太久。

我喜歡明亮、乾淨的顏色。比方說希臘的聖托里尼，儘管建築沿著山坡錯落著，但色調一律是藍與白，視覺上看起來舒服極了。

這些喜好正好與我的化妝風格吻合——**明亮、乾淨、舒服。**

不管是誰來到我眼前，我都能發現對方明亮、乾淨、舒服的那一面。

一定會去逛書店

每造訪一個國家，我一定會安排時間去逛當地的書店。

在書店裡翻閱當地出版的設計書，建築類、設計類都是我的涉獵範圍，遇見喜歡的書，再重我也會扛回家。

每個國家的文化，都濃縮在書裡頭。花些錢買書就能得到文化的精華，是CP值最高的投資！

與各國學生的交流趣談

．．．

在倫敦時尚學院與來自各國的同學相遇，有韓國人、日本人、中國人、香港人、英國當地人等等。從各國同學身上，我感受到文化差異，也從他們身上的優點看到自己的不足。

班上的英國同學幾乎都忙著打工，後來我才得知原來他們的身上都背著巨額的助學貸款。

在繳學費時，英國同學問我：

「Lynn，妳的學費都自己付的？」

「對啊。」

「你們亞洲人好有錢啊！是妳的父母給妳學費？」

「我的學費都是自己賺來的。」

「我真佩服妳！我背了一屁股助學貸款啊！」

我進一步得知，原來學校會先扣留申請助學貸款同學的畢業證書，等到他們把貸款還清之後，學校才會把畢業證書交到他們手上。

不由得佩服英國政府想到這一招，如果先拿了畢業證書，很有可能這些申請的學生就不還貸款了呢。

而班上的香港同學，則讓我得到一次跟英國業界合作的經驗。她介紹我跟一位維達・沙宣（Vidal Sassoon）的髮型設計師合作，設計師是一位義大利人。

為了比賽，這位義大利髮型設計師幫模特兒染了一頭黃色調的頭髮，我心想：我不能讓模特兒的妝搶過髮型的鋒頭，而應該要更凸顯設計師做的頭髮才對！因此我用黃色的對比色粉紅色為基調來為模特兒上妝，最後比賽結果公布，義大利髮型設計師得了第一名！

賽後那位Vidal Sassoon的設計師來問：「模特兒的妝是誰畫的？」

後來得知負責化妝的我只是一名學生，設計師一副不可置信，還特地來向我致謝。

原本我只是想來學習而無酬幫忙，設計師則給了我四十五英鎊的獎勵，作為我的車馬費。這真是個意外的驚喜！

Vidal Sassoon的老闆也看到了第一名模特兒的妝，他特地去問我那位香港同學：「這位模特兒的妝畫得很好，是誰畫的呢？」

香港同學說：「是我的同學，Lynn畫的。」

Vidal Sassoon老闆來找我，他問：「妳有任何工作經驗嗎？」

我說：「我目前是倫敦時尚學院的學生，經驗還不足。」

他說：「我不相信，這不像是經驗不足的人化出來的妝啊！」

Vidal Sassoon的老闆擁有好眼力，當時我只想低調地去觀摩外國比賽的大場面，意外獲得第一名又得到Vidal Sassoon老闆的讚賞，這對當時的我是很大的鼓勵，內心十分開心。

巧合的是，那位得到第一名的義大利髮型設計師，他的女友是台灣人，為了感謝我，他還邀請我去他和女朋友的家，做了義大利菜給我吃，還教我幾道簡單就能做好的義大利小點。

與各國人士的交流，是語言與化妝專業能力之外的收穫。

在所有同學中，我與日本同學處得最好，在英國我也常被當地人誤認成是日本人。而也是因為日本同學，才認識了我的丈夫Tony。

雅思合格、確定能入學之後，不喜歡去任何派對的我，在日本同學Miki的力邀下，勉為其難答應去她舉辦的慶祝派對。Tony是Miki打工的日本料理店裡的廚師，那一天他也來了，我們因此而相識。

Tony一開始也誤認我是日本人，跟我說日文，我一句也聽不懂。接著用英文問：妳是新加坡人?香港人?……沒一個猜對。

「妳到底是哪裡人?」

「我是台灣人。」

「我們可以用中文對談了，我是中國人!」

由Miki牽起的緣分，最後修成正果，在台灣舉行婚禮時，Miki還特地飛來台灣為我和Tony祝福。

在英國認識的人事物，留給我的回憶與感動太多太多了，難以計數。

第四章

確立自我「價值」

學會看底蘊，不看表面

．．．

在倫敦時尚學院與倫敦當地的學習與歷練，例如去圖書館找資料、做研究，去美術館看展覽，去觀賞表演藝術……等等，在在都讓我清楚知道一件事——所有與「美」有關的事物，都不能只看表面，而是需要去深究其條件、由來與意涵，也就是了解其「底蘊」為何，再將這些底蘊靈活運用於每一次工作中。

比方說，今天我要化煙燻妝，我從雜誌上找了一些哥德風造型的圖片作為參考，但並不是照著照片中的模特兒來化煙燻妝就行了。

首先，我必須先「觀察」即將被我化妝的模特兒的條件，第一項從眼形著手。

模特兒是雙眼皮還是單眼皮？如果是單眼皮，一畫上粗眼線，模特兒張開眼之後眼線可能會縮進眼皮裡，而不像雙眼皮的人眼睛張開後上方還有一道彎月般的弧形，能夠明顯看到弧形中的眼線線條。

另外如果模特兒的眼尾是下垂的，上了濃重的煙燻眼妝後，眼睛看起來會更下垂，因此我應該調整煙燻的輕重比例來調整模特兒的眼形。

參考資料就真的只是作為參考，而不是用來拷貝複製。

我通常會將找到的資料剪貼在素描本中，在觀察這些資料後，用筆把觀察心得以及概念寫在筆記本中，或是牢記在腦中。面對每一個客戶時，這些心得與研究出來的概念就成為我的資料庫，能隨時從腦中翻出來，依據每位客戶的特點來運用它們。而且，我的資料庫會隨時做update，與時俱進。

因此我的每一個作品都是獨一無二的，絕不會發生這個人的妝套在另一個人的臉上也行得通這種情形。

再舉個例子，曾有客戶跟我說：「淑玲，我想讓模特兒的妝有六〇年代復古風的感覺。」

客戶並沒有明確地說他們要的復古風是什麼，也許可以做成經典的奧黛麗・赫本風，以黑白兩色來作為主色調，但我認為安迪・沃荷色彩繽紛的普普風可能才是最具代表性的六〇年代復古風。

因此我從腦海中翻出過去曾在泰德現代美術館看過的安迪沃荷畫展，將過去看展的心得與研究概念，整理成簡報範例來與客戶說明，取得客戶的信任，最後，呈現出來的作品果真令客戶滿意，也達到了客戶想得到來自顧客的預期反應。

去英國念書前，我覺得自己的內在不夠豐富，沒辦法明確地跟客戶表達我想要呈現的效果，也就是我的感受力與資料庫不足。例如當客戶要求我幫模特兒化個當下流行的樣板妝，我認為這妝一點也不適合這位模特兒，但我說不出到底為什麼不適合。

出國學習三年之後，我懂得說出每一件作品的故事，懂得找方法解決問題，也懂得該如何明確表達我的概念給客戶了解。

我真正成為一位有創意的彩妝造型師，而不是只會複製貼上的技術執行者。

不同時間點做不同歸零

⋯

我時常會讓自己歸零。

比方說每出去一趟旅行，就是一次歸零。又或是在不同的年紀或時間點，讓自己歸零。

這歸零並不是漫無目的，而是要有計畫性的歸零。計畫從何而來呢？要**先問自己，在那個當下自己到底缺乏了什麼？**

靜心地坐下，找一張紙，把自己內心覺得缺乏的東西一一寫下來。

這也是為什麼我常常會去上課，或是去旅行。

例如我讓自己歸零，去上畫畫課。畫畫跟化妝不同，化妝時若眼影沒畫好，可以卸掉重新再畫就可以。畫畫則是一個筆畫錯了，就可能整張畫不對勁，假使是油畫，可以整張畫蓋掉再重新上油彩，但其他像水彩畫或壓克力顏料畫，就只能做補救的修飾了。

畫畫除了是發揮創意的練習，也是在練習膽大心細。

在歐洲旅行時，除了美術館或博物館，我也很常去參觀教堂建築。

一進到教堂，首先我會站在教堂的中心，觀察教堂的顏色。教堂內部通常燈光較暗，我會先觀察玻璃窗的顏色，有的教堂是透明玻璃，有的則是花窗玻璃，我會仔細看花窗玻璃上有些什麼圖樣，有的畫著聖母，有的是畫著聖經中的故事，每一個圖樣與配色，都能帶給我刺激與啟發。

接下來我會觀察教堂內哪裡有光線射進來，以及教堂內部的線條。每座教堂的歷史與建築樣式不同，有的是哥德式，有的是文藝復興式，有的是巴洛克式……我會興味盎然地觀察教堂內部的壁飾與雕像，仔細端詳雕像的臉部線條與表情，沒有一尊雕像的臉是相同的。

壁飾與雕像會由於不同時間的光影角度而產生明暗面，這與觀察人臉的明暗面是相同的道理。

又或者我去美術館看畫，我會在同一幅畫的前面坐上一、兩個鐘頭。走馬看花看完一幅畫，大概只會看到：喔，畫家在這裡畫了黃色；喔，畫家在這裡畫了雲……等等但若用很長時間專心欣賞一幅畫，你會發現有許多小細節從畫中躍出：喔，原來這裡畫家的筆觸是這樣；喔，原來雲還可以用這種顏色層次呈現……你能真正與畫作對話，了解畫家如何創作與詮釋這幅畫。

這就是所謂的觀察到**「出神入化」**。

當我開始與畫作對話時，會把這些觀察寫在筆記上，以供日後品味思量。

或許有人要問：「萬一我觀察一幅畫兩小時還是一無所獲呢？」

我會回答你：「沒關係，下禮拜、下個月或甚至明年你再來重新觀察。」

在不同的時間背景、不同的心境中，或許更能觸動你的觀察與感受力。

有時候，我的歸零不一定是去旅行或是上課，而是讓自己的心靜下來。

我發現，聽交響樂或是聲樂，能夠讓我的心歸零，得到平靜。

在倫敦時尚學院念書那段時間，我是自己一間房，當我遇到瓶頸，書本中的內容一個字都讀不下去時，我會把自己關在房間裡整天聽交響樂曲，往往聽著聽著心情便能漸漸平靜下來。

當時的我會去唱片行買那種三片兩英鎊的二手古典CD，當心情十分煩躁時就放來聽。過去在台灣，總認為自己對古典樂沒興趣，沒想到在英國時卻意外發現古典樂對於解除我的煩躁心情有顯著功效。

這也是這趟英國求學之旅所得到的另一種收穫吧。

每年要給自己一段休息與充電的時間

很多彩妝師或造型師有這樣的狀況，常在口頭上不經意地說：「我每天都睡不飽，我好累喔……」這就是每天被時間追著跑，工作已經在掏空自己，產生倦怠感的跡象。

現在的我明白知道：**在身心靈疲累的狀況下，不可能產生好創作。**

因此每一年我會在較不忙的期間，挑一段時間休息一、兩個星期，選擇一個地方去開眼界。

有的彩妝師會說：「我休息兩個禮拜，案子就會跑光光了！」

在這裡我要借用唐綺陽老師的話來說：「客人不會因為你休息兩個禮拜，就這樣跑掉了。」

給自己兩個星期break，你可以選擇國內或國外，重點是：要用這兩個禮拜的時間接收新資訊與資源。

以我為例，當我利用這段break去國外旅行，我會一邊逛街、一邊觀察潮流以及店裡賣的飾品，只要看到某個飾品適合某個客戶，或是某些飾品適合某種類型的工作，就會將它們帶回台灣，日後在某個拍攝場合往往能夠派上用場。

至於我在國外逛街所看到的潮流，在吸收之後便能成為我的資源。

因此我的休息與充電，不是每天睡到自然醒，睡醒了去吃下午茶或晚餐，第二天再重複同一個模式。

我的休息是在放鬆之餘一邊尋找讓我眼前一亮的地方，把自己的舊資料庫重新更新，這對我來說才是所謂的休息，是真正的充電！

找到自己的核心，確立自我的價值

⋯

人們往往會找藉口逃避自己的缺乏與缺點。

比方說過去我認為自己不太會說話，又天性害羞，只要有人說：「淑玲妳不用發表意見沒關係」，我心裡就會覺得，太好了，不用說話最好。

這就是把自己的責任丟給別人，逃避、不面對自己缺點的行為。

抱持著這種心態，工作再久都不會有長進，甚至不需要太久就會被淘汰。

現在的我則會告訴自己：要逼自己去面對缺乏了什麼？缺點是什麼？

我會在內心問自己：

你對自己的現況滿足嗎？

什麼時候你對自己會沒有自信？

你的階段性目標是什麼？

……

懂得回顧與檢討自己，才能在人生每一個階段，看到不一樣的自己與更美的風景。

例如我的人生現階段，面臨的是親子與工作之間的取捨問題。

如果有個我很有興趣的案子找上門，但當天正好有孩子在學校的親子活動，老師還說：媽媽，我希望妳一定要來，那麼這個案子我接是不接呢？

過去的我會以工作優先，不管如何先把工作接下來，但現在我會想到：其他孩子都有家長陪，只有我的小孩孤零零的，他要跟誰一起玩？難道跟老師一起玩親子活動嗎？

問自己的內心，我的心會告訴我：把工作放下，以小孩優先吧。從前我為工作付出了百分百的心力，現在我應該要轉變為為了我的孩子付出。

在我懂得與自己的心對話後，迷惘時，更容易得到答案。

我原本是個很怕被別人看到自己缺點的人，所以都不求助、也不說心裡的掙扎。

現在的我則認為：**我應該適度地去聽別人給自己的建議。**

尤其是工作越成功、越強勢時，更應該去聽別人的意見。

人不可能一生下來就什麼都會，別單打獨鬥、凡事只靠自己，這是我給自己的提醒。倫敦時尚學院十分注重團體作業，也是希望學生能夠了解合作在職場中有多麼重要。**越是有自信的人，越不怕聽別人的建議，也越不怕跟別人合作。**

倫敦三年，我學會轉念與不預設立場，這也是因為我對自己的核心價值越來越清楚使然吧。

沒辦法自我檢討與自我管理的人不會成功

在職場這麼多年，我發現越愛抱怨自己的工作、越愛跟別人比較誰賺多賺少的人，十年後再看到這個人，他還是在同一個位置做事，沒有提升，錢也沒有比十年前賺得更多。

這是因為抱怨這個行為並沒有檢討到自己，而是只會怪罪別人不好。

我看到的成功者，都懂得下定決心去改變、去學習，並且懂得檢討自己，以及做好自我管理。

每天晚上在洗澡時，我都會回想自己這一天做了什麼事、說了什麼話。
我會問自己：今天這樣做對嗎？今天這樣說ＯＫ嗎？
另外我也喜歡在每天一大早開車出門時一邊聽音樂、一邊思考，這是一天中我最喜歡的時刻。

每天給自己一段跟自己相處的時間，我認為這點非常重要。
這段時間你可以跟自己對話，整理整頓好自己的內心。
我相信在任何時刻看起來都泰然自若、氣定神閒、給人莫大安心感的人，也必定是能夠面對自己的缺點、跟自己好好對話的人。

02

專業化妝師的**精進之道**

除了從閱讀和觀察認識美，
你也可以在生活細節中練習「美」。
我認為所謂的美學，透過生活來培養就可以。

她真實呈現了我！

歌手　**黃小琥**

我自認在演藝圈不是靠外表。

無論時下流行什麼，穿搭什麼造型，淑玲的彩妝總是能在我這衝突的個性上，做出完美的平衡。讓我有自信地在偌大的舞台上，展現最美的一面給觀眾。這就是她厲害的地方。

這個高中美容科畢業的小女生是如何為自己創造一個頂尖且專業的彩妝生涯？

她從不向命運低頭，披荊斬棘，抓緊機會，始終堅持不放棄。她的未來掌握在自己手中。

簡淑玲不僅是化妝師，她畫出一個漂亮的人生，還有更美麗的未來。

Beauty

彩妝概念

直覺上我想利用「線條感」呈現黃小琥的酷。於是帽子斜戴，露出一邊的眼睛，加上藍色與暗紅背景色成對比感，以閃電線條強烈呼應演唱會的主題「狂」。

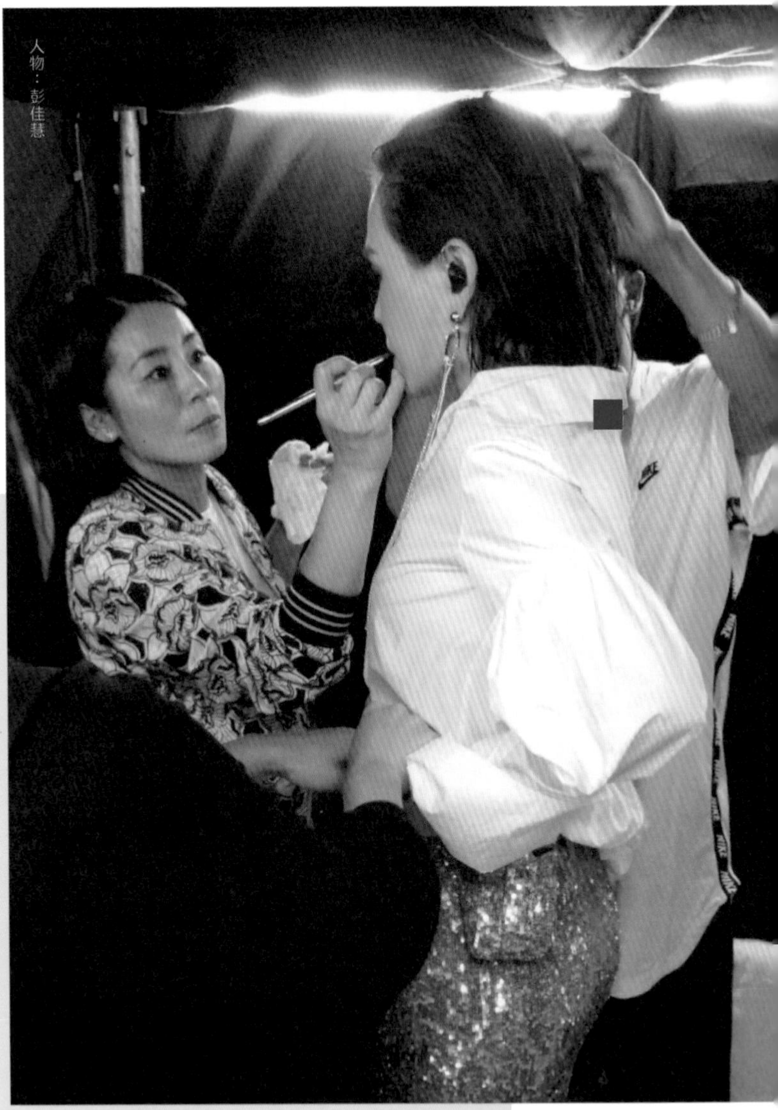

人物：彭佳慧

Beauty

彩妝概念

與彭佳慧合作大部份是演場會與專輯唱片的妝。每次看到她我便想，彩妝要如何表現她的內在美與氣質？化演唱會的妝，我會特別注意舞台光線，彩妝必須重視光線的細節才能凸顯五官的立體感。

有她在，我就美……

金曲歌后 **彭佳慧**

認識淑玲姐是在我的小巨蛋演唱會，第一次見面她就幫我化妝了。

事前沒有開會，沒有一起工作過，之前更從來沒見過面；但從第一次的工作中，淑玲姐的穩定、談吐、氣質，直接給了我這個超級沒安全感的歌手一顆「定心丸」。

化妝我不懂，但也許跟唱歌一樣：你要知道，你畫的是什麼樣的臉孔（哈，畢竟把我畫美不容易），歌手唱的是什麼樣的舞台、唱給什麼樣的聽眾聽，畫出他／她的個性、把他／她的優點突出、缺點掩飾。簡單來說——淑玲姐把我—畫美了，畫得好有味道、好有氣勢，就像她的個性一樣「剛柔並濟」。不說太多話，靜靜地看著你的臉，畫出了那股「自信」、那種「安全感」，這就是「簡淑玲」。

總之，有她在，我，就是美的。

謝謝淑玲姐，Love You ♥

彩妝概念

透亮的底妝可以有別於過去她擔任主持人的銳利感，只要一個自然清新的底妝，反而能展現她親切、活力、青春、可愛的一面，讓大家看到的她，與私底下一樣，呈現年輕活潑的正能量。

人物：高怡平
照片授權：康健雜誌／攝影林后駿

慎重看待每一份工作，每一次成長

知名節目主持人　高怡平

認識淑玲，因為經紀人昱伶。

十五年前我剛從上海回台，昱伶說：怡平姐，要不要找剛從英國回來的淑玲合作看看？幫妳梳妝？

雖然我自認為超級隨和，凡事不挑剔（笑），但是聽說不熟識的人要幫我梳妝，我有點緊張……

工作當天，淑玲很早就到現場，她拉著兩個大皮箱，帶著一只當時流行的包出現（很fashion）。我記得那天合作愉快，而且回家很不想洗臉，因為發現原來我可以這麼地——更漂亮。

後來凡錄影、晚宴、活動、拍照都要找淑玲，因為有她，好有安全感、好漂亮。

在專業領域無可挑剔的同時，淑玲是好朋友。我們聊朋友經、時尚經，最近哪裡有好吃喝加好買，口紅顏色、哪個粉底、誰家的面膜、看到什麼包、要配那雙鞋、哪個該買沒買……互相「切磋」，彼此慶幸生活中的「對」，也安慰那些「錯與錯過」。

認識淑玲時她未婚，但聽說男友超帥。他們是遠距離戀愛，原本以為成功率不高（sorry），但幾年後他們結婚，陸續兩個兒子出生。我記得淑玲大著肚子工作，我問她要不要也坐下來，她都會說：「怡平姐，沒關係我不累。」女人的身體與心理改變，轉換角色的同時，個子嬌小的淑玲還是如往常，像個巨人繼續往前走。後來我們聊天多了媳婦經、媽媽經，我對她刮目相看。當了媽媽的淑玲依然用她不變的節奏自我要求、進步，如今是華人圈內，大牌明星、名媛貴婦首選的梳化彩妝師，她，實至名歸。

雙子座的淑玲個性直率，在這真真假假的世界她不太會奉承恭維，偶爾被誤解但又不太會為自己辯解，不時內傷。我常猜想，也許是這個世界真的太精采，她接納了所有挫折、磨練、高高低低，經歷過後，隨著而來的，就是屬於她的彩虹。

我們都處在大環境的混亂與激烈競爭中，淑玲選擇在這個時候寫了這本新書。我很感動她不吝分享成長與心路歷程，這是屬於她的祕辛，供給年輕人做參考。一天天、一年年的累積，沒有什麼奇蹟神話，看似輕鬆但非常不容易去堅持。淑玲認真慎重看待每一份工作、每一次的學習、每一個機會，她一直記得，當年那個新人小女生的初衷。

每次出現都是帶著兩大只皮箱，時尚俐落來去匆匆。
因為她的戰戰兢兢，我要說聲：謝謝妳讓我好漂亮，高興有妳這位好朋友。
謝謝簡淑玲！

Beauty

彩妝概念

萬芳的眉是重點。而且只要一點點勾勒，她的五官就變得非常立體與集中，嘴唇、眼睛、膚質都保留原來的特色，而她的眉一強調之後，整個味道就風情萬種了。

越探索自我，越能提升自己的專業

知名歌手　**萬芳**

和淑玲合作是這一年的事，她做事簡潔俐落、專注傾聽，沉著穩定。

在閱讀淑玲的這本書時，我有一個很深的感受，我們在提升自己的專業時，常常不只是精進技術的進步，更多是我們往內探索自己是誰的過程中，延展出喜愛與熱情。這些會豐富我們的眼界與視角，一些看似無關的接觸與訓練，卻在某些特別時刻會特別有感這些累積的重要，並且深深感謝。

我身邊有許多朋友，他們總是不斷地學習，尤其是帶著好奇的興奮感在學習。這樣的興奮、熱情不表示就沒有艱難與挫敗，但這個打開的心會帶來力量，這個往內探索的渴望會安靜地自我陪伴，努力之後的收穫只有當事人知道那是多麼爽、多麼過癮！

謝謝淑玲願意分享，從前那個不多話的女孩，只是安靜地努力地做著，透過學習的心，自內而外地發光，帶給我們這些平凡女孩信心與力量。

人物：陳綺貞

Beauty

彩妝概念

陳綺貞於我的概念就是「雲上的女神」，她的五官原本就立體而有神，所以只要基礎底妝透亮清新，自然就能將她的大眼睛，創作型質感表現出來。

對於美、對於藝術、對於生活的熱愛

創作歌手　**陳綺貞**

跟淑玲認識的時候我們都還小，工作總是像玩樂，但淑玲總超齡地展現照顧人的熱心，感覺她不只是專業化妝師，也是漫長等待或極限壓力下，最體貼也最懂人心的陪伴者，只要她在，誰都會獲得她絕對的支持。

我一直覺得歌手的妝很難畫，不像模特兒有標準完美的面孔，並且因為場合特殊，甚至因為一首歌的速度編曲，也常常必須改變妝容來配合。要能夠理解不同歌手的氣質與個性，並且提供各種令人驚豔、或是呈現自然得體的面貌，需要很高超的技巧，還有超乎常人的感受力。光是跟一個人靠這麼近就讓人無比緊張了，還要在這個人的臉上化出對方滿意的妝，我常覺得這比寫歌還要難。

淑玲就是有這種特異功能的佼佼者，她提升自己的藝術追求，兼顧家庭和事業，面面俱到，就好像在我面前，一邊談笑風生，一邊嚴謹思索今天該如何呈現，最後從容優雅完成了與音樂、舞台完美搭配的妝容。我常常對她如何安排生活還有成長歷程感到好奇，如今淑玲出書了，終於可以在書裡再次回味那些怎樣都聽不膩的故事，也再一次為她對於美、對於藝術、對於生活的熱愛，如此堅持不懈，給予她從不吝嗇給予我的掌聲。

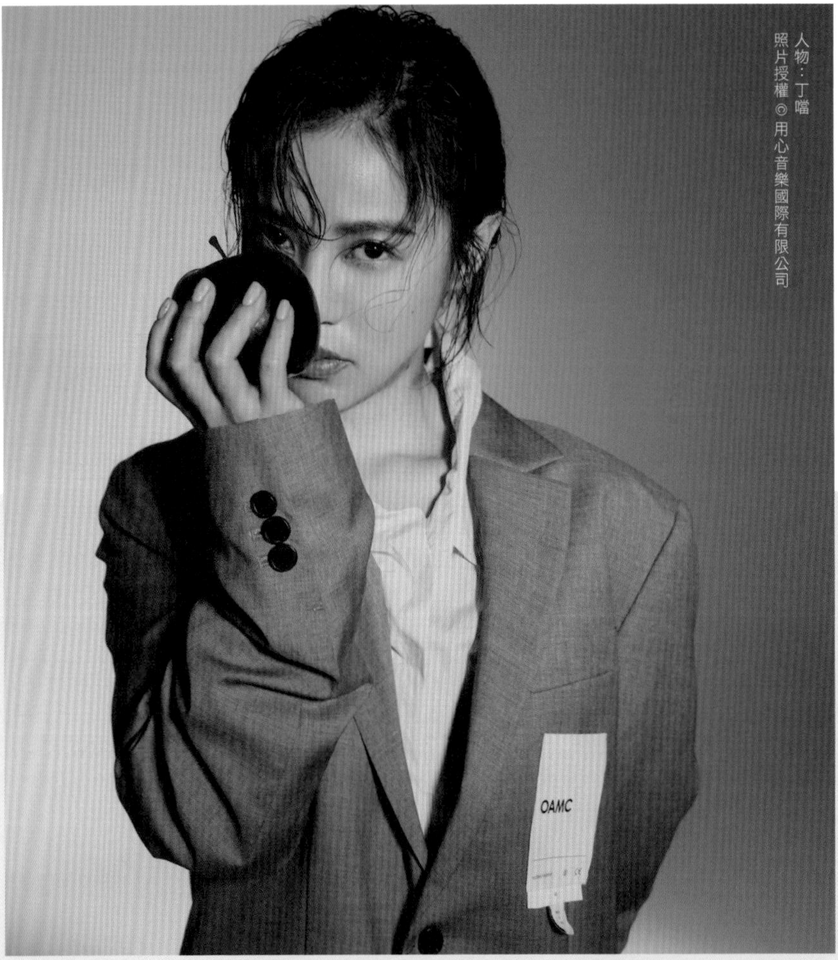

人物：丁噹
照片授權 © 用心音樂國際有限公司

Beauty

彩妝概念

這次的彩妝希望一改過去的造型，試妝時，我看到剛洗頭出來的丁噹，突然發現如果她不畫眼線，不戴假睫毛，減去所有過去附加在臉上的「物件」是否可行？而咬著黑蘋果的嘴唇，一般會以鮮紅的唇色強調，但配合她灰藍色西裝，我選擇橘色唇色，立即展現不一樣的丁噹。

散發魔力，體會美

情歌天后　丁噹

與淑玲姐合作過很多次，我們的正式合作是在我去年發行的《愛到不要命》這張專輯裡，整張專輯在做造型包裝的時候，淑玲姐非常耐心地傾聽我在作品裡想要表達的情感，當下她用極其快速的靈感與我分享，所以我們用超級精確的效率提早完成了整張專輯的定裝，那種心靈之間的碰撞，很酷。

經驗的累積，使她對於時尚的流行、對於美的敏銳度，總是很有獨特的靈感，那份敏銳來自於她的內心，一切都離不開「美」。

與淑玲姐每一次的相遇，我們聊最多的就是生活，在她身上我看到了女性魅力，無論是分享自己去海外求學經歷，還是自己的事業，中途不論經歷多少坎坷，她都是那麼的樂觀。只有懂得生活、珍惜生命、愛惜自己，學會獨立的女性，才能如此自在地散發魅力及自信。

我覺得每一個人最珍貴的是——經驗。更難能可貴的，是把自己的不同經歷用正向能量去思考並分享，而分享是需要內心有足夠的熱情跟使命感。期待這本書散發它的魔法，讓每個女生都能體悟「何謂美」！

Beauty

彩妝概念

LULU是新生代女主持人，感覺她就是古靈精怪的一個女孩。眼睛，也是我想強調的重點，讓眼神帶出整體活潑的氣質，LULU自然就會展現自己的特色與自信。

人物：LULU 黃路梓茵
照片授權©好看娛樂提供｜攝影師 Triangle Yang

只有努力是不會騙人的

新生代女主持人　LULU 黃路梓茵

「我害怕日復一日一成不變，害怕停滯不前，害怕自己沒有進步。」淑玲姐在書裡的第一章這樣寫到。

在我眼中的淑玲姐，是一個超級化妝師，她畫天后Jolin、她畫女神綺貞、她畫企業家陳敏薰……她已經這麼厲害了，卻永遠覺得自己還不夠好？後來認識她本人才知道，淑玲姐之所以是淑玲姐，總是對自己最嚴格、對自己最不客氣，現在的一切都是她一步一步慢慢拚來的。

每一次我的大型典禮，不管金鐘還是金曲；抑或是我的每一次廣告代言拍攝，總之在我最緊張的時刻，只要後台有淑玲姐，總是莫名地讓人放心。她總是給人一種溫柔卻堅定的眼神，然後她再手起刀落地三兩下工夫，瞬間化腐朽為神奇（好啦我是一般朽）！由於我的工作都很高壓，淑玲姐的專業真的對我有莫大的幫忙，她總是會提前完妝，我就有多的時間來順稿、整頓心情、甚至是多深呼吸兩口，這對一個即將登台的主持人來說真的很重要！有時候活動結束，淑玲姐也會給很多信心：「很棒！妳剛剛很漂亮。」你知道嗎?被一般人說漂亮，我就是開心而已，但被淑玲姐說漂亮，我真的就覺得自己是蔡依林了（甩髮）!!

其實幫我化妝最難的地方就是雙眼皮貼，因為我是內雙，再加上我每天常工作到七晚八晚，每天眼皮狀況都不一樣，所以每一個曾經畫過我的化妝師，他們共同的敵人就是我的「雙眼皮」；但唯獨淑玲姐收服了它，可以每次在很短的時間之內，貼得又大又圓。我在書裡找到了原因，她說她以前的訓練是：一天要從膠帶上剪下雙眼皮貼一千到兩千副給設計師認可，她的每一個工夫都是這樣練來的。

從淑玲姐身上我看到、也學到了很多，不只是讓自己變美的技巧，更多的是面對工作的態度。想要變成任何一個領域中的「簡淑玲」嗎？做就對了！因為只有努力是不會騙人的。

人物：江美琪
台灣索尼音樂娛樂股份有限公司 SONY MUSIC／攝影：楊世全

Beauty

彩妝概念

原本就有立體五官的她，這次整個色系是「秋天感」。為了營造秋天感，柔和的色彩表現在眉（刷淡一點）、底妝膚色（提亮一點），另外眼尾透過妝感提升，她整個人就是一首秋天的歌。

真誠的心，是彩妝的第一面鏡子

歌手 **江美琪**

記得有一年拍攝MV，因為遭遇失去親人的痛，我在拍攝過程中數度痛哭，眼淚把妝都哭花了。淑玲姐一次又一次、一遍又一遍地把妝容補上，過程中除了展現其專業度之外，也給予最溫暖的鼓勵，讓工作團隊能順利完成。

認識淑玲姐將近十年了，從剛開始和她一起工作到現在，她依然對工作充滿熱情、待人真誠，並且不斷努力進修、充實自己，讓人敬佩。

沒有真誠的心，不會化出真誠的妝。唯有單純的心，才會造就無數天王、天后動人的妝容。我誠心地向讀者推薦頂級彩妝師——簡淑玲的真實故事。

Beauty

彩妝概念

每個人看到她，都覺得她親切，會照顧人，尤其對工作人員更是體貼。在我心中她是有個性的，專業而謙虛。原本她的五官與膚質就很好，所以整體氣氛上，我希望表現她的簡單俐落感，在她的臉上我同樣用了「減法思考」的畫法，用天生的條件自然説話就好。

人物：王彩樺

把每件事做到最好！

台灣濱崎步　王彩樺

第一次見到淑玲姐，是在出《保庇》專輯。大概八年前的事。

當時竟然可以請到頂尖的化妝師簡淑玲老師來幫我化妝，真的開心到爆。第一次見到老師時，她的笑容很迷人、溫暖的眼神很親切……讓我感覺好舒服，完全沒有壓力。

在化妝的過程，老師不斷地問我，有沒有什麼喜歡的妝？有什麼覺得要調整的都可以告訴她……我心想，天后級的御用化妝師怎麼那麼客氣？讓人好感動。化妝的過程，當下就是一種享受，感覺很幸福。

每次老師畫完我的眼睛時，我不敢相信：「天啊，怎麼這麼美？眼睛整個好有神，太美了！」

老師的專業眾人皆知，「用過都說好」（比愛心），謝謝淑玲老師讓我在第三十屆「金曲獎頒獎典禮」上那麼美，留下一生難忘的回憶❤

我告訴自己要跟隨著老師，每天都充滿正能量，用愛、真誠的心對待每一個人，把每一件事做到最好！

人物：艾怡良

Beauty

彩妝概念

第一次與被畫者溝通，我總希望可以多聽聽對方的意見。看到艾怡良，第一個想法是保留她健康的膚色，做整體提亮的底妝，選擇以大地色系，搭配她性格派的質感，

讓人心變美麗的副作用

創作歌手 **艾怡良**

身為淑玲姐精湛彩妝魔法下的受惠者，要我替淑玲姐寫「序」真的是太看得起我了！因為我總是在她的手上充飽能量，在她精緻的妝感下慢慢堆疊起面對舞台的信心；我總是細細地像是欣賞一個雕塑家完成作品一樣，她的一舉一動都讓我著迷得目不轉睛，光是與她討論眉眼之間的比例問題就是一場精采的演講，光是看她調整臉頰的陰影就像是一場電影的打光藝術。面對這樣的大師，其實我更想說的是，一個人要畫出「超越美麗」的妝容，原來是要有一顆像淑玲姐一樣「超越美麗」的心。

工作上總是速度質感兼備的她，在快速的動作下，你仍然能深刻地感覺到她一股炙熱的、真正來自心房的暖意，這已經超越工作之表象，是一種對於「人」總是想要粉飾自己的不安的透視，而她所粉飾的其實是我種種的焦躁與沒自信。而我總在她溫暖的言談之中放下心防，聊起生活中的大小事，聊起彼此對於戀愛的觀感。

臉之所以變得亮麗甚至「超越美麗」，我想是再次地相信人性本善後眼見的怡然自得，總能在她輕輕地揮灑筆刷後，對鏡子前的自己微笑。這是多難能可貴！淑玲姐的「立刻」，猜想也是因為這樣的熱血心腸與急切，想要讓這個世界的人們、人緣、人心變得美麗的「副作用」，多麼迷人的副作用啊！想必她自己不知道，光是聽她說話，看她補妝時按壓蜜粉，我們又再次地重整自己，決定不辜負她的彩妝藝術帶給我們的勇氣。謝謝淑玲姐！

Beauty

彩妝概念

立體五官，只要舒服自然的妝就能夠詮釋一個人的氣質。戴愛玲的甜美感，我想以眼妝為重點，讓眼妝作為焦點，流露如同公主般的雍容華貴。

人物：戴愛玲

有努力，才有實力

鐵肺天后 **戴愛玲**

認識淑玲有十幾年了，對她的第一印象就是個子嬌小，梳著整齊的黑頭髮、白上衣、黑西裝外套、牛仔褲，桌上的彩妝品井然有序，不多話，帶著淡淡的微笑與專注的眼神。

淑玲對我來說，是工作夥伴、是好朋友、也像姊姊。她善良、溫暖、謙虛、自律、努力，不論工作再怎麼忙碌，都會安排時間，定期地去學習、求新求變。

每次一起工作，我們總是有聊不完的話，包括工作上、生活上、情感上的意見與分享。

她看著我，一路成長、鼓勵著我。我也從她戀愛、結婚，看著她一路到現在。為人妻、為人母、為人子女，每一個角色她都努力做到最好！

喜歡書裡的「Right Now」實踐整理術。喜歡書裡的「不是被環境改變，而是利用環境改變自己」！淑玲，希望現在的妳能多留一點時間給自己，讓自己偶爾休息、放鬆一下！淑玲，妳好棒！愛妳！有妳這個好朋友，我很驕傲！有實力的人，是要靠一直的努力積累起來的！謝謝淑玲跟我們分享，讓我讀完後有很多獲得。

Beauty

彩妝概念

這次以「春天新生」為概念的專輯主題，她的眼神即使不畫眼線也很有靈氣，這個妝最大的焦點是在她發光、透亮的膚質，刷上一抹橘色，象徵春天的氣息。

對，就是現在

藝人　曾之喬

淑玲姐的新書我都還沒有打開來看，就知道這正是我需要的激勵。

二〇二〇年，還沒到一半就讓我們看盡了生命的無常，人算不如天算，與其說想做什麼就去做，不要有遺憾，不如更準確地說：「沒有人知道接下來會發生什麼事，我們只有現在。」

認識淑玲姐，是因為我的上一張單曲作品，記得那時候淑玲姐要跟我分享她對我這次的妝容有什麼想法，一開口就跟我說她不想幫我畫眼線，因為她覺得眼線反而會遮住我的眼神，而我真實的眼神在她的眼裡，是會發亮的。我聽到時覺得真是「知我者淑玲也」！心中雀躍無比，因為其實過去我已經跟很多彩妝師提過這個建議了，但大家都還是擔心這樣子眼妝會太清淡，很怕眼睛不夠有神，所以不願意輕易冒險。但是淑玲姐就是這麼堅定地相信，我們應該去做不一樣的嘗試。果然，成果我們都很喜歡。其實身為藝人，每當別人誇獎我們美出了新高度，我都覺得其實那是我們終於有機緣能卸下框架，展現出更真的自己。

除了創意和專業，她對於工作的熱忱和活力更是讓我深受激勵。

認真的女人真的很美，讓人心生嚮往。最近我開始練習著去更積極地經營網路上的影音作品，淑玲姐當然又是帶著滿滿溫暖的話語，鼓勵著我、讚美著我，不停地跟我說著她覺得我這樣很棒，就跟隨著自己的心之所向，勇敢地往前吧。看著她像孩子一般，帶著對未來充滿好奇和熱情的眼神，我真的覺得有夠可愛！那天淑玲姐低調地把我的經紀人拉到旁邊說，她知道我們剛開始要經營網路影音一定很辛苦，如果有什麼需要幫忙的要跟她說。

築夢的過程中，身邊能有這樣亦師亦友的貴人，心裡真是暖到了最高點，謝謝淑玲姐。我也要練習 Right Now 的智慧，並把書裡的暖心和更多的人分享。

人物：Julia 吳卓源

Beauty

彩妝概念

舞台上俏麗活潑的她，充滿青春可愛的氣息，尤其她的眼睛非常charming，如果挑選一個迷人的色彩，我用了橘色口紅來呈現她的朝氣滿滿。

充滿堅持與信念

創作歌手 Julia吳卓源

每次和淑玲姐一起工作，從中感受到這不僅是一份專業，更是滿滿的溫度與感動。她一向給人低調卻又是如此親切，每個精準的筆畫都充滿堅持與信念，讓我在舞台上充滿自信。

恭喜淑玲姐推出新書，希望大家透過這本書體驗她人生的美麗風景。

※編注：推薦者以來稿順序排列。

CHAPTER 5

第五章

倫敦三年，給足回台重新啟動的能量

倫敦時尚學院畢業典禮那一天，我的母親和哥哥都特地飛來英國參加。

拿到學位後，其實教授原本跟我說：「Lynn可以繼續留在英國念fine art，妳的成績不錯，學習能力也好，就這樣回台灣有些可惜。」

在倫敦這三年，我愛上了倫敦的環境，對於留下來繼續深造非常有興趣。

不過母親來參加畢業典禮時，對我說：「妳在英國待了這麼久，該回台灣工作了吧。」

我不在台灣時，母親常接到客戶打來家裡找我接案的電話，有時候她得要幫我推案子。推掉這麼多工作母親也覺得可惜，她認為我在倫敦三年的學習應該已經足夠了。

聽了母親的話，我思考了一段時間，決定聽她的話，回來台灣。

成為將客戶亮點發揮無限的彩妝師

剛回台灣時，我度過了一段適應期。或許你會說：淑玲不是在台灣長大的嗎？為什麼需要適應期？

我所謂的適應並不是生活習慣、氣候等等的適應，而是對於市容以及人們的風格，各種與美感有關的人事物需要適應。

回台灣的第一年我甚至得了自閉症，除了工作之外，我不愛出門。這是因為當我走在台北街頭時，我不懂路人在討論的話題，甚至會覺得這城市裡的各種聲音都成了噪音。

對於路人的穿著打扮，我也不適應。人們很少留意自己的造型，有的人就連整齊都做不到……當時是深具挑戰性的工作拯救了我。我從工作中調適自己的心態，用工作對自己精神喊話。

一回到台灣，過去合作過的客戶很快地回籠，紛紛找我接案。其中一個大案子，是

ELLE雜誌的《二〇〇五ELLE年度經典美妝書》（參考P124-P125）。

我將這本美妝書當作是我回台灣後的第一個代表作，把在倫敦所學都傾注在這本書中。儘管已時隔十多年，如今翻開這本書，模特兒臉上的妝容仍然令人驚豔，真正的美，禁得起時間考驗。

此外，還有朋友為我介紹過去我不曾接觸過的案子。

這些案子之中，擔任當時台北一〇一董事長陳敏薰的化妝師，她對我而言是最具挑戰性、也是至今仍影響我的客戶。

接到陳敏薰的案子時，她已任職台北一〇一董事長一年多。還記得第一次為她化妝時，當下她並沒有特別說我畫得好或不好，而是幾天後我接到她祕書打來的電話，詢問我是否能隨董事長一同出差，去國外招商。

接到電話時我又驚又喜。

驚的是我必須得在短時間內準備好簽證與行李，喜的是我得到董事長的信任。才幫她化過一次妝，董事長便肯定了我的能力，要我隨她出差去談重要的案子。

這次出差後，我與陳敏薰合作了兩年多時間，這段期間，我學到了許多終生受用的工作態度與技能。

當時曾經已與其他彩妝師合作過的陳董事長，為何後來只跟我合作呢？還記得剛與她合作時，她曾經對我說：「淑玲，我知道你幫我畫得很漂亮，可是我不是名模，不是貴婦，我也不是明星，我是企業家。」

聽到「企業家」這三個字，我愣了一下。

我想我有達到她的要求，我們一直合作得很愉快。

二〇〇一年紐約發生九一一攻擊世貿雙塔的恐怖事件之後，企業對於在高樓辦公的安全深感疑慮，在一剛開始，台北一〇一的辦公大樓幾乎租不出去；而二〇〇三年春天，SARS又襲擊台灣，如同二〇二〇打擊全世界的COVID-19一般，SARS造成百業蕭條，人們對於高消費興趣缺缺。

在這種雙重的困境下，時任台北一〇一董事長的陳敏薰，一方面要給足國內外企業進駐台北一〇一辦公大樓的信心與安心感，另一方面因為SARS招租困難的購物中心，在二〇〇三年十一月開幕時的服飾與餐飲品牌組合，與當時為世界第一高樓的台北一〇一所設定的目標定位並不相符，必須重新調整。

陳敏薰在二〇〇四年接任台北一〇一職位時，她知道杜拜的哈里發塔即將開始建造，完工之後將會取代世界第一高樓的地位，台北一〇一大約只有四～五年時間能穩坐世界第一高樓寶座。在這麼短的時間內要如何改變困境、並進而調整租戶呢？她的經營策略，是跳脱房東的傳統概念，將台北一〇一朝一個品牌、一個地標來經營，她著眼在建立台北一〇一的品牌形象，目標是讓台北一〇一辦公大樓成為外商企業在台灣的設立總部的首選場所，並讓台北一〇一購物中心成為精品購物中心的代表，透過打造台北一〇一這個品牌，陳敏薰希望能讓台北一〇一即使不是世界第一高樓之後，都是台灣無可取代的地標，從而為台北一〇一的競爭地位奠定良好基礎。

為了快速建立台北一〇一品牌的無形資產，台北一〇一必須靈活地運用各種創意的行銷策略，除了建立在台灣的品牌印象外、也需建立在國際上的能見度與知名度。為了有效地達到這個目的，陳敏薰董事長將自己當成是台北一〇一的行銷武器之一，將品牌的品味與氣勢在自己身上融合，形成品牌的延伸，透過這樣的形象，讓國際知名企業以及國際精品認同台北一〇一的團隊，建立他們的信心，達成說服這些一流廠商進駐台北一〇一，投入資源與台北一〇一共同舉辦世界級活動，進而將他們在台北一〇一的據點打造成為台灣的旗艦店甚或是國際上知名的據點。

還記得當時曾吸引歐洲高級訂製服品牌Versace來台北一〇一舉辦亞洲首場的精品高級訂製服秀，高級超跑Ferrari也曾來此舉辦盛大活動。在董事長的努力下，各時尚龍頭品牌，一一來台北一〇一購物中心設立旗艦店，台北一〇一購物中心，成功調整了品牌組合，她以數年時間，逐一完成經營願景。

然而、個人形象的打造，絕不是靠陳敏薰一個人的努力就行，她需要一個專業的團隊來幫助她，而剛從英國回台灣的我、由於具有世界時尚潮流的視野便雀屏中選，能成為她的團隊成員之一，我十分榮幸。

陳敏薰董事長是位自律甚嚴、公私分明的人。

每當她有重要活動時，便會請我一早到辦公室為她化妝。她堅持要在早上正式上班時間開始之前，先把自己打理好，因為她認為：化妝應該是要在上班前就該完成的事。

早上七點半之前董事長便會抵達台北一〇一，比任何員工都要早。來到公司時，她通常已先把底妝化好，我必須要在她八點開會之前，依據她當天預定見面的客戶背景以及活動目的，先為她調整好當天的妝，並加強重點。

董事長知道我在英國三年的留學經驗中，不只英國、還接觸過歐陸各國的文化與時尚，平時也透過國際版的時尚雜誌吸收最新的流行趨勢。舉例來說，當她與來自義大利、法國，或是來自美國的品牌高層開會時，除了身上的服飾，把自己當成台北一〇一最有力行銷武器的董事長，希望能透過我的彩妝，精準傳達她的想法與神韻，成功說服這些精品的高層，讓他們知道台北一〇一的經營團隊是了解國際時尚，更有能力駕馭國際時尚的。

在陳敏薰與她的團隊的努力下，幾年時間，台北一〇一大樓與購物中心成功翻轉了形象，成為國人以及國際人士心目中的台北尊榮象徵，而不僅僅只是沒有特色的辦公大樓和百貨商場而已。

與陳敏薰工作兩年多來，我時常要隨她出國開會，去過義大利米蘭、法國巴黎、以及杜拜……等地，都是為了招商。

每次的國外出差，總是馬不停蹄地一個會議又接另一個會面，我會趁董事長不需要我、稍微有短暫空檔時，利用零碎時間去做功課，去觀察時尚之都的當季潮流。儘管只能走馬看花瀏覽幾眼街道旁的櫥窗，也能增長見聞。

陳敏薰也發現到除了彩妝之外，我對服飾的品味也相當不錯，因此有時候她會詢問我關於整體造型的意見，使服飾與彩妝能搭配得更相得益彰，或說是更臻完美。

「精準」是陳敏薰的工作準則，比方說對於顏色，她也有堅持，這也是精準傳達品牌意識形態的一環。例如當台北一〇一購物中心辦活動時，活動現場只能有金色、黑色、紫色、紅色這四種顏色，並且有專屬色票。

而其中紫色是她個人鍾愛的顏色，我們還曾經針對各種不同的紫色做過一番討論與研究。對於色彩的選擇，董事長總是尊重我提出的建議，並且充分信賴。

還記得她曾對我說：「淑玲，我跟很多化妝師合作過，妳看美的東西與其他化妝師很不同，妳的妝會說話，這是妳的優勢，要好好保持住。」

她甚至說：「淑玲，成為一位不會被取代的化妝師吧，妳做得到的。」

與陳敏薰合作這兩年多，我看到「態度」能決定一切。出類拔萃的人，通常是注重細節，把工作做好的人。

而化妝並不是畫得美就好，而是需要有「主題」，因應不同場合強調不同「主題」，並且按照「主題」，有技巧、精準、並快速地正確傳達客戶的需求，不能有任何偏差。

我按照陳敏薰董事長的「主題」：世界級地標台北一〇一的CEO與代言人，為她的形象挹注說服力。而在成功塑造形象後，也試著為她再多注入些柔美與感性元素，但也不脫離她的「主題」。

我深刻了解到：化妝是另一種無聲語言，它能給溝通帶來畫龍點睛的效果。

與陳敏薰一起工作這些年來，我練出了膽識與增廣了視野，也讓我日後再面對政商名流客戶時，一點也不畏懼，我對她滿懷真心的感謝。

難忘的工作經驗與挑戰

．．．

在陳敏薰之後，我接下來接的多數是藝人的案子。

一開始是利菁。利菁平時化妝都自己來，較少假他人之手，但她說欣賞我工作認真的態度，因此在出席重要場合或是拍洗髮精廣告時會找我幫她化妝。

利菁本身也是個非常用功的藝人。過去在購物頻道時，她可以為了工作去上珠寶鑑定課，對於產品都先了解透澈後才會介紹給觀眾。

在拍攝廣告時，她對自己的狀態非常在意，皮膚與頭髮的保養都做得非常到位，對於妝髮都有一定的堅持。

我通常都在客戶的身上找到值得我學習的優點，而不是去看客戶的缺點或八卦。

與Jolin蔡依林一起踏上國際舞台

接下來是與Jolin蔡依林合作。

Jolin的努力與不斷突破自我的精神，大家向來有目共睹，我們從《特務J》這張專輯開始合作，而二〇一四年《呸》這張專輯讓她成為受國際矚目的藝人。

還記得《呸》專輯的封面是去紐約拍攝，那時我剛生完第一胎，唱片的工作團隊願意等我坐完月子再拍攝，一坐完月子我便立刻飛去紐約。

一下飛機，我才看到Jolin隔天拍照時要穿的服裝，當時我和髮型師在最短時間內討論好妝髮要如何呈現，完全沒有試錯的機會，隔天拍攝必須要萬無一失才行。

出發去紐約前，營養師阻止我，她生氣地說：

「淑玲，妳知道妳是剖腹生產，傷口根本還沒完全好。飛機的艙壓可能會讓妳的傷口爆開妳知道嗎？」

但想到Jolin和工作團隊在紐約等我歸隊，我無論如何都要飛去。

《呸》專輯的歌曲內容與視覺創意，不斷有好評湧來，二〇一五年韓國的亞洲音樂大獎MAMA也將「亞洲最具影響力藝人」的大獎頒給Jolin，並邀請她擔任表演嘉賓。

典禮當天彩排時，韓國的藝人都自己帶全妝到場，但我並沒有先幫Jolin化好完整的妝，而是先去觀察現場的燈光。

光線是我特別在意的，前面也曾提到當我進到一個空間裡，除了顏色，另一個我特別注意的就是光線。

當輪到Jolin上場彩排時，Jolin的工作人員問我：「要不要先幫Jolin上口紅？」

我說：「不用，我要先看現場燈光。」

Jolin在彩排時，我在後台盯著monitor，看Jolin在燈光下臉部的光影變化。

接著我再去看其他韓國藝人的彩排。

到了正式上場前，工作人員再問我：「要不要幫Jolin搽紅色的口紅？」

我說：「不要，為什麼要跟其他韓國藝人一樣搽紅色呢？」

我幫Jolin調了個大地色系的口紅。

工作人員似乎有些不放心地說：「這顏色會不會太淡了？」

我仍堅持說：「不會。她的髮色與服裝不適合搽紅色口紅，重點在她的煙燻眼妝就夠了。」

工作人員只好說：「好吧，那就聽妳的。」

Jolin正式上場的演出效果非常好，不管是現場還是看直播的觀眾都反應熱烈，工作人員特地來感謝我：「謝謝妳，妳的決定是正確的。」

Jolin那天穿的是黑色凡賽斯（VERSACE）禮服，若她跟其他藝人一樣搽了個大紅口紅，反而沒辦法顯露Jolin的氣質與質感，她那天髮色有些帶綠灰，也不適合紅色口紅。

MAMA表演之後，陸續得到不少絕讚好評。當初我若不堅持，接受了工作人員的建議，那麼這場演出也許對我而言就不是百分百完美了。

最心驚膽顫的一次危機處理

與Jolin一起工作多年，有個考驗讓我腎上腺素飆到破表，令我永生難忘。

有一回Jolin受寶格麗（BVLGARI）的邀請到佛羅倫斯拍攝形象廣告，我是隨行的化妝師。

那次行程我們預定先搭長榮從台北飛到法國戴高樂機場，再從法國坐法航飛往義大利佛羅倫斯機場。由於我的化妝工具箱不小，我將它與我的行李一起託運。

還記得清晨六點多飛機降落戴高樂機場，一下飛機我們得知由於罷工，飛往佛羅倫斯的班機取消，後面飛佛羅倫斯的班機全滿。經紀人決定改訂飛米蘭的班機，再從米蘭叫兩輛賓士廂型車前往佛羅倫斯。

這個波折，讓我後來在米蘭機場急如熱鍋上的螞蟻，覺得自己的壓力大到頭簡直要爆炸了！

還記得下午登上飛往米蘭的飛機前，我們一再確認跟我們從台北出發的七大件行李有沒有跟著上飛機，法航人員一直說：「Don't worry. Don't worry.」還打電話確認行李已沒問題，我們也只好信任法航。

到了米蘭，最不想看見的狀況卻發生了——米蘭機場的行李轉盤上沒有我們的行李！我們去問機場人員，說是通常這班飛機沒到，下一班應該會到。

因此我們不敢出關，在米蘭機場再等了一個多小時……下午五點多，下一班飛機來了，我們的行李依舊沒有到！

再去詢問，機場人員說下一班從法國飛來的班機是晚上十點多到。但我們無法等到這麼晚，因為Jolin隔天早上六點就要工作，太晚到佛羅倫斯，經紀人擔心她會狀況不佳。

經紀人決定一輛車先載Jolin、我、以及助理等四人先去佛羅倫斯，經紀人則留下來等行李。

這時候，傳來一個消息——有一件行李到了！

當我聽到這個消息時，多麼期待這件行李是我的，裡頭有重要的化妝箱，少了它可能會影響到隔天的工作。而我自己平時不太化妝，隨身包包裡並沒有放化妝包。那時我在心裡默默祈求神明幫助，但期待落空——這件行李是Jolin拍攝時要穿的衣服。

除了青天霹靂之外我不知如何形容自己的心情，但此刻腦海中有聲音告訴我——簡淑玲妳趕快去買化妝品！

於是我跟其他人說：「你們先等我一下，我去找藥妝店。」

我在機場瘋狂奔走，好不容易在機場角落找到一間藥妝店，只有一個架子陳列化妝品，我先挑了一定會用到的東西——眼影、粉底、刷具……現場能買什麼就買什麼。

此刻又是另一個壞消息，整組的刷具賣完了，只剩黏在架上的展示品。這時我只想把這組展示品帶走，但店員說這是sample不能賣的。

我懇求店員：「拜託！我明天有工作會用到，這套sample能不能賣給我？」

店員仍然說：「No！Sample！」

我只好算了，買了兩罐粉底液、眼影、幾枝口紅。我再自己想辦法運用它們，對專業的化妝師來說，彩妝品之間的顏色是可以相互調配的，有時候口紅也能用來取代腮紅，一切看化妝師危機處理的能力。

除此之外，我還需要蜜粉和睫毛夾。但助理一直打電話給我，催我上車，我只好趕緊跑向搭車處。

到了搭車處我臉色發白，但仍佯裝鎮定，我跟Jolin的助理說：「能不能幫我聯絡寶格麗，我想請他們去絲芙蘭（Sephora）幫忙買些化妝品。」

聯絡上寶格麗後，對方說：「Sephora再半小時就要關店了，今天是節日要提早關。妳要買什麼？拍給我看。」

只剩不到半小時，司機又一直催我上車，我根本沒時間找照片給寶格麗的工作人員看，只好在電話裡簡略跟對方說：「請你幫我買整組筆刷，什麼牌子都可以，還有蜜粉跟一支睫毛夾。」

如果交代對方買太複雜的化妝品，寶格麗的工作人員未必能順利找到。

那天晚上我完全無法入睡，為了知道這些買來的彩妝品畫出來的效果，以及先熟悉它們的特性，我先在自己的臉上試妝。

從上海飛來佛羅倫斯跟我們會合的髮型師，知道我的化妝箱沒有跟著到，便借給我她的隨身化妝包，讓我看看有沒有能派得上用場的彩妝品。

早晨六點，開始工作，我一如往常鎮定地為Jolin上妝，化出來的妝容跟過去沒兩樣。

中間換場休息時，我利用空檔再衝去MAC買了一些彩妝品。最後，拍攝工作順利完成，拍攝出來的效果也受到寶格麗義大利團隊的肯定。

我終於能鬆一口氣。

拍攝工作一結束，我們馬上就回台灣，到法國機場轉機時，傳來消息——我們的行李找到了，而Jolin在這時候跟我說：

「淑玲姐，妳那天說要去買東西的時候，我相信妳應該滿緊張的。」

「對啊。」

「我想妳是在找工作要用到的東西，妳一定是嚇到不行了。」

「是啊，我嚇到都快腦充血了。」

Jolin繼續說：「我很佩服妳，東西這麼少妳還是可以畫得出來。」

我說：「這是我應該做的。」

萬一拍攝工作開天窗，我可能會是頭號戰犯，因為藝人的衣服到了，髮型師的行李也平安無事地從上海到佛羅倫斯。而化妝箱沒到雖然不是我的錯，但身為專業化妝師沒有工具，對於專業形象仍會有影響。

身為頂尖藝人的合作夥伴，每一次演出，都必須做到零失誤才行。化妝師並不輕鬆，是極度高壓的工作。

藝人在我手中改頭換面

跟我合作的藝人中，其中唐綺陽老師跟我合作了很多年。

剛認識她時，她平時是完全不化妝的，因此為了每年都要出版的年度星座運勢書，拍封面時該化什麼妝她相當頭疼。

最早的第一、第二本星座運勢書拍攝封面時，她甚至跟經紀人說：「為什麼不拿去年拍的照片，改一改直接用在新書封面上呢？」

由此可見她有多不愛化妝拍照了吧。

我開始跟唐老師合作後，她發現自己在上妝之後，鏡中的自己變美了，帶著妝走出門也得到稱讚，這讓她越來越有自信。

漸漸地，她開始學化妝。過去出門她總是素著一張臉、墨鏡一戴就出門，現在出門前或直播前則會為自己上妝，讓自己的氣色變得更好，也開始注重穿搭。這幾年，許多人都覺得唐老師變得越來越美了。

唐老師每年都讓大家期待的星座運勢書，這幾年的封面質感也不斷提升。還記得四、五年前我建議她：「唐老師如果剪個劉海應該會更好看喔。」她真的按照我的建議剪了劉海，果然拍攝效果出奇地好，因此這幾年的封面她都以劉海造型上鏡，得宜的髮型加上適合她的妝容，唐老師一年比一年美麗。

唐老師甚至會跟我說：「淑玲，妳幫我上妝用的化妝品也幫我買一套！」她自己使用後跟我說：「一樣的化妝品為什麼從我的手中化出來效果不同？至少要三分像妳幫我畫的吧！」

我對唐老師說：「沒關係，慢慢來啊！我認識妳這麼久，妳願意跨入自己化妝這一步，已經很棒很厲害了！」

另外曲家瑞老師，也是改變滿多的人。

她是藝術背景出身，對於美學她相當在意。我第一次幫她化妝是她在皇冠出版第一本書的封面拍攝，畫完之後她說：

「簡老師，我覺得妳畫得非常好，妳的妝有美學的概念在裡面，跟過去我曾被化過的妝完全不同。」

能被有藝術深厚底子的老師稱讚，我當然受寵若驚。她日後還跟我說：

「那天拍完封面我頂著這個妝回家，媽媽看到我，說：『妳今天的妝怎麼跟平常不一樣，看起來變年輕了！』」

此外歌手江美琪是與我合作多年的朋友，我們有著相知相惜的關係。

最近這幾年，我與以下這幾位歌手也有愉快的合作經驗：丁噹、艾怡良，以及陳綺貞，我並受邀跟著陳綺貞一起巡迴亞洲，擔任她的演唱會化妝師。艾怡良除了唱片封面，我另與她合作Tom Ford氣墊粉餅的雜誌特別企劃，她開心地說：「我與淑玲姐難得同框，謝謝Tom Ford成全！」

而主持人Lulu黃路梓茵也是相當可愛的合作對象，一開始她說：「淑玲姐願意幫我化妝嗎？」我當然願意！從Lulu擔任Swatch記者會主持人為她化妝開始，Lulu說：「好想以後都是淑玲姐幫我化妝！」如今我們合作過二〇一九年的金曲獎與金鐘獎，許多人透過鏡頭看到Lulu都說：「Lulu變得好漂亮呢！」

持續進修，並提攜後進

我目前沒有在學校教書，有時候則會受品牌的邀請為員工做教育訓練，或是受學校邀請舉辦講座。除此之外，想了解我的化妝理念與概念，就是成為我的助理了，從邊看邊學中累積實力與經驗，假以時日也能獨當一面。

跟著我學化妝的助理，通常我會希望他們具有以下幾種特質：

一、絕不能遲到。比方說工作若在上午十點開始，助理至少要在十分鐘前就到達現場。

二、扛得動沉重的化妝箱。有的攝影棚在老房子裡，沒有電梯，助理必須要有扛上三樓甚至到四樓的體力。

三、多做事少說話，絕不能嘴碎。

四、不能抽菸。這是因為抽菸之後手指與口氣會殘留菸味，用這種狀態幫客戶化妝，會讓對方感受到不舒服的氣味。

五、這是最後一點，有禮貌很重要。基本的應對進退禮貌要懂。

現在跟著我工作的助理曾跟我說：「老師，我真的不太會說話和溝通，怎麼辦……」我也不是多會說話和溝通的人呀，要不是去英國念了三年書，逼自己面對弱點，我也不是現在的我。

我跟助理這麼說：「我建議妳可以先去買些書來讀，比方說能激勵自己的書，或是去讀些關於思考的書，這對妳會有幫助的。」

個人的修行在於自己，在我的建議後，看著助理的說話能力與臨場反應能力的確一天比一天進步了一些，我也感到些許欣慰。

前面曾提到我每年會給自己一段break，除了旅行，有時會去國外進修。這趟進修我會自掏腰包帶助理一起去，另外曾與我有工作往來的夥伴，若他們有興趣，我也會帶他們一起同行。

例如二〇一八年我去紐約進修，除了助理，我帶了兩位十分具有上進心的蘭蔻櫃姐、曾上過我的課的學生、線上的化妝師、美材行的老闆娘……等等。

在我找尋進修團成員的過程中，難免會碰到有人跟我說：

「今年景氣很不好，我如果去紐約上這個課，我的客人都跑掉了。」

還反問我：「那淑玲為什麼有時間可以去？妳那段時間沒有工作嗎？」

我說：「時間是可以自己選擇的，我打算要去就不接工作了，這段時間對我來說，去進修比接工作重要。」

我的想法是：有捨才有得。去紐約只是一小段時間，工作則是隨時都可以接啊！

去國外進修，時常能讓我得到意想不到的收穫。例如二〇一七年去法國進修，由曾與盧貝松合作的3D特殊化妝師上課，當他為學員示範萬聖節彩繪時，我們看到他居然將牙齒畫在模特兒的鼻子上！

這位特殊化妝師說：「鼻子是人臉上最立體的地方，把牙齒畫在鼻子上，比畫在臉部任何地方更有戲劇性。」

又例如二〇一八年去紐約進修時，來上課的講師是影集《陰屍路》的化妝師。上課時他說：「為了讓特殊化妝效果更好、更完美，我會要求演員在拍攝前一天滴酒不沾。」

「為什麼？喝酒與化妝有什麼關聯？」相信許多人都會有這樣的疑問。

他說：「如果演員在上妝前一天喝酒，為了分解酒精，身體會釋放酵素，這種酵素會使得皮膚成為不容易上妝的狀態。」

講師此番說明，讓所有上課的學員都上了一課。同理可證，若你要出席重要場合，需要完美無瑕的妝容，前一天最好別喝酒。

若只是透過在同溫層裡學習取暖，又怎能獲得以上這些世界各地的頂尖專家經過多年嘗試所累積的寶貴經驗呢？

台灣的彩妝品牌幾乎每年都會帶團去國外上特殊化妝課，不過有時候我認為換個主題、換個新視野，能幫助台灣的彩妝界學習到更多。

我有個偶像——國際知名的頂尖化妝師Pat McGrath。她是全球時裝週的御用大師，時尚雜誌爭相邀請的對象，更創立了自己的彩妝品牌。不只我，世界上許多化妝師都視她為學習對象。

我強烈建議彩妝品牌邀請她來上課，如果成真，少接再多案子我都在所不惜！

此外Tom Ford、Serge Lutens、Kevyn Aucoin、Dany Sanz等在時尚、彩妝上成就非凡的藝術家們，他們也都是我的學習對象，我收藏他們的著作以及欣賞他們的作品，每隔一段時間拿出來重讀或回顧，在不同時間都能給我全新的觀點。

第六章

Lynn式美學

將人的臉當作建築物般觀察

⋯⋯

在第一章曾提到，我在二十多歲獨立接案幾年之後，去法國巴黎進修。這是我第一次出國進修。

由於當時為我們上課的講師具有建築背景，當講師在教授建築概論時，我得到極大的啟發——人的臉就像建築一樣有凹凸面，在不同角度的光線下會產生不同的陰暗面，身為化妝師就是要觀察光影的變化，以及臉的骨架，為客戶化上適合場合、時間、以及客戶氣質的妝。

就像先前提到Jolin曾在二〇一五年受邀去MAMA表演，我強調要先觀察現場燈光再為她上妝是同樣的道理。

還記得在巴黎上建築概論課時，講師在課堂上拿了一顆蘋果，再把燈光打在蘋果上，教我們觀察在不同光源下蘋果表面的變化。

在倫敦時尚學院時，教授也曾經拿出紙做的建築模型，放在桌上後將燈光打在建築模型上，並且變換不同的燈光位置，接著帶學生觀察建築物的受光面與陰影。這與在巴黎進修時所上的課有異曲同工之妙。

而我認為，人的臉就像建築物，骨架就是建築的結構，皮膚就是建築物的外觀，臉上的五官就分布在建築物的凹凸面中。當彩妝師在上妝時，來自不同角度的光，會深深影響彩妝師畫上眼影的色彩與深淺，也會影響修容的畫法。

有一回我跟著《VOGUE》雜誌一起去美國洛杉磯出外景，我們到了當地一座私人美術館——洛杉磯蓋蒂中心（Getty Center）。

當我到達此地時，這座美麗的白色建築物正好沐浴在陽光下，我站在空地上觀察這座建築物，看著光影的變化，我更確定人的臉就是一座建築，建築本身就十分美麗，而化妝師就是要依據不同的光影變化為人的臉增色，讓人臉更加出色。

這也是為什麼在攝影棚內拍攝時，我對於燈光總是有一定的堅持。戶外的光是老天爺所打的自然光，棚內則是攝影師創造出來的人造光。

一到攝影棚我會先觀察攝影師如何打燈，燈光架在正面或側面，打出來的光影效果不同。若燈光打在正面，模特兒的臉拍起來會平掉，打在側面模特兒臉上便會出現陰暗面，我會依據攝影師的燈光為藝人與模特兒上妝，或提出調整的建議。

比方說，粉底化出來有分油亮、水亮或霧面效果，如果我希望藝人能確實呈現粉底效果，我會跟攝影師溝通：「我今天幫藝人化的底妝是水亮的，我希望能將水亮感拍出來。」

我如果不特別向攝影師說明，或許就拍不出我的預期效果了。

骨架是固定的，但臉是可以調整的

化妝的魔力是，能夠幫助人們調整臉上不完美的地方。

當我初看一個人的臉時，會先觀察這個人的臉上有哪些地方可以被調整。

我會先將這個人的臉打亮，再去調整我覺得可以更好的地方。

所謂將臉打亮便是上粉底，光是選色就是工夫。我通常會用兩種以上顏色的粉底去調出適合這個人的顏色，此外，上粉底的順序與手法也是技巧。

至於調整，便是運用明暗與色彩，去修飾這個人臉上的缺點，並且把亮點凸顯出來。

在我幫一位新的客戶化妝前，通常會拿把鏡子給客戶看自己的臉，讓客戶先充分了解自己。舉例來說，也許客戶從鏡子中看到自己的黑眼圈而特別在意，以往客戶會刻意在黑眼圈蓋上厚粉底。

這時我會說：「不要用太多粉底去蓋黑眼圈，會越蓋越乾越厚。我們可以讓黑眼圈看起來自然。」

當然你會說：我是一般人，沒辦法請專業的彩妝師來幫忙改造自己的臉呀！我的建議是：你也要先充分了解自己的臉。

在化妝之前，先對著鏡子觀察自己的臉形，自己是圓臉？長臉？蛋形臉？還是方臉？……

接著觀察五官，以及五官在臉上的比例。再來觀察自己的膚色與膚質，膚色偏白還是偏黃？膚質是痘痘肌？還是不長痘但長斑？或是敏感肌？……等等。

充分認識與了解自己的臉之後，才不會總是買到不適合自己的化妝品與保養品，以及化了不適合自己的妝。

隨著環境與時令變化的Lynn式色彩

⋯

除了觀察光的來源，前面也曾提到，當我進入一座建築物時，會先觀察顏色。對於色彩有敏銳的觀察力，也是身為彩妝師必備的能力之一。

喜歡觀察日常生活中的顏色

我喜歡各種白色，也喜歡在白色中加上小細節的設計，例如歐洲建築物常看到白色的飾邊，但仔細看這些飾邊，在白底上會加上白色雕花，在極簡中帶些華麗。

或者說，我喜歡的顏色是帶有溫度的極簡。

此外，我會看季節來選擇日常生活中的色彩。例如到了冬天，萬物都看起來灰灰的，那麼我的家飾品，例如床單，就不會用灰或黑，一回家看到這種顏色，心情會更沉重。

視覺百分百會影響人的身心。

對於居家生活配色的堅持，從我去倫敦念書時就開始了。

在倫敦的住處房間小，要怎麼做才能讓生活更舒適呢？就是要從改變配色著手。

例如我要求房東幫我買的書桌一定要是白色的，我的筆電是黑色的，床單是水藍或淺灰色……一進入房間，視覺上舒舒服服，心情也跟著愉快。

在多元的環境訓練自己對色感的觀察

倫敦是個多元的環境，有嚴肅的一面，也有華麗的一面，每一區有各自的風格。我常說很慶幸自己當初選擇了倫敦，讓我的視覺能有多面向的接觸。

剛到英國時我住在一區的切爾西（Chelsea），這裡幾乎都是傳統的英式建築。考上倫敦時尚學院後我搬到二區，這裡則有許多新的帷幕大樓，而我先生Tony當時住在三區，這區有市場與市集，充斥著庶民的活力，是他鍾愛的地區。

除了人文特色，四季顏色的變化也是有趣的觀察。

春天是新綠，秋天是橘黃，冬天是灰白……晴天時看到的綠色與陰天時看到的綠色，仔細體會後也有層次上的不同，而這些體悟，也能運用在化妝時色彩的選用。

比方說如秋天落葉般的黃色，與冬天的灰色似乎就不太搭。將日常的觀察內化，在工作上運用時就能得心應手。

現在有個讓我願意一去再去的地方——希臘的聖托里尼（Santorini）。

在這個放眼望去只有白色與寶藍色的美麗城市，存在著白沙灘、紅沙灘、黑沙灘。當我去到黑沙灘時，便會觀察這裡的黑沙灘為何這麼醒目？它是在哪種顏色上被凸顯出來？

不管去到哪裡，我都在練習觀察顏色這件事，連我的家人也受我的影響。

有一年我父親去土耳其旅行一星期，回台灣後他跟我聊天：

「淑玲，妳有沒有發現土耳其的房子外觀，都是那種磚紅色，看起來整整齊齊的。我們台灣的房子真是有夠醜的……」

我很開心我父親注意到這些，越多人願意觀察，在潛移默化之下，相信假以時日，台灣也能擺脫四處可見的鐵皮屋，變得更美。

日常穿搭也注重色彩的搭配

日常的穿著我喜愛簡單的配色，在工作時我常穿黑白兩色，這是會讓客戶安心也能展現專業的顏色。

不過若是去旅行，例如有朋友約我去滑雪，我就會思考：雪地是白色的，那麼我要穿什麼樣顏色的衣服來搭配呢？不是要凸顯自己的顏色，而是拍照起來好看、適合雪地環境的顏色。

當然黑與白就不是首選了，我會挑稍微帶點色彩的滑雪服，但不至於是螢光這種高彩度的顏色。

如果是去海邊，那麼桃紅色、紅色就不會是我的首選，黑白兩色仍是我的主要選擇。我認為，泳衣的顏色要搭配自己的膚色才行，例如，東方人穿螢光色不是不可以，但請先把自己曬成小麥肌，慘白的膚色搭配螢光色泳衣，膚色看起來反而會顯髒，那真是難看哪。

穿搭的色彩要配合環境。

不管是日常在都市中生活，或是走入大自然——山林裡、雪地、海邊……穿搭要隨著環境改變，如此一來自己感到舒適，也讓別人的視覺舒服。

穿搭和化妝也要懂得看場合。

曾有個香港髮型師跟我說：「淑玲，妳是化妝師中少見有打扮的，很多化妝師很邋遢。」

我是這樣的人：如果凌晨四點有通告，我一定凌晨三點就起來化妝打扮，三點半走出家門。

因為我覺得自己身為化妝師，就要把自己打點好，連自己都打點不好，客戶怎麼會信任你的專業？

看場合化妝與穿衣服對我來說十分重要。

我兒子去她的音樂老師家上課時，音樂老師並不會因為是在家上課而隨便穿，她總是穿著正式服裝，就算直接登台演奏也沒有違和感，讓我對她十分敬佩。這表示她尊重自己的職業，也尊重她的學生。

他人就算沒有在口頭上對你的穿著打扮置評，但請相信我，他們都看在眼裡，並且把對你的評價放在心底。

不需要穿名牌或穿得多華麗，正裝和淡妝就可以。

如何在生活中培養自己的獨到美感

⋯

看潮流雜誌、看建築書籍、觀察建築物、逛街時看櫥窗，前面說過，這些都是我在日常中培養與訓練自己美感的好方法。

在國外與台灣，我都喜歡去逛書店，會在書店看雜誌與建築書、時裝書，並且不時把厚重的書抱回家。

我特別偏愛看澳洲的建築書。之所以是澳洲，是因為澳洲的建築書中介紹的案例，多半是與大自然融合為一體的建築，例如在森林中所蓋的建築，我會觀察建築師用什麼材質來蓋，是木材、水泥、還是玻璃？⋯⋯一般人的認知，總認為在森林中就是要蓋木屋，但建築師卻經常使用木材以外的材質來設計森林中的建築。

此外透過建築書中的照片，我發現建築師也會參考四季的變化來設計建築物內外的配色，不管是春夏秋冬，建築物都與自然和諧地存在。

這些觀察都令我興味盎然，也給我的美學注入新的觀點。

除了現代建築，各個年代的建築歷史書也是我的涉獵範圍，文藝復興、哥德、巴洛克……從不同年代的建築樣式，也能學習到潮流的演變。

至於時裝書，則會買景仰的品牌設計師的書，例如已故的香奈兒（Chanel）設計師卡爾．拉格斐（Karl Lagerfeld），或是范倫鐵諾（Valentino Garavani）等等大師。

對我來說閱讀很重要。只要少買一件物質上的用品，就能多帶一本書回家。

我在閱讀的同時會準備一枝筆，當我看到一句受用的話時，就用筆將它畫下來。幾年後再重讀時，看到這句重點，便能回想當時畫下這句話的心情，並且對照自己現在的狀態，你會發現對比當時，自己已經有了新的體悟，這是會讓你驚喜不已的發現。

連我先生Tony生日時，我也送他書，本來他是個沒有閱讀習慣的人，在我的潛移默化之下，如今他也對於閱讀樂在其中了。

在旅遊與逛街時邊走邊看

我對於居家擺設也很有興趣，會自己布置居家環境的陳列擺飾，隨心情改變家中的擺設與顏色。因此我非常喜歡逛家飾店，連出國時都會去逛家飾店、寢具店或雜貨店，我會研究店裡家飾品或寢具的配色。

比方說當我進到IKEA，我總是對IKEA的家飾配色流連忘返。尤其是兒童區，我會研究兒童區的擺設，IKEA如何做到配色繽紛、卻看起來充滿活力而非雜亂無章？

國外的話，離台灣近的地方我相當推薦曼谷的家具市集。欣賞泰國人的配色，總是讓我大呼過癮，而且泰國的家具與家飾品設計除了有時尚感也具有當地特色，我可以在市集逛整天也不感到疲累。

經濟許可的話可以出國，無法出國，當然在台灣也有一些與美有關的展覽，畫作、現代藝術、珠寶……等等。此外以我生活的台北來說，也有一些區域適合逛街散步。

我最喜歡中山北路光點附近那一帶，仁愛路與敦化南路也各有風情。永康街、麗水街、青田街一帶也是相當適合散步的地方。

鑽進小巷，不時可遇見老住宅伴著老樹，就算是新住宅，也與環境融合，這裡也是自然與居住環境結合得恰到好處的地方。

最重要的是**懂得用眼睛觀察，練習感受。**

懂得感受與欣賞美，就能看見美。

在生活細節中練習「美」

除了從閱讀和觀察認識美，你也可以在生活細節中練習「美」。
我認為所謂的美學，透過生活來培養就可以。

比方說做完一道料理，你可以在擺盤時稍微用點心思，讓整道菜看起來美觀又美味。這只是多花一些時間而已。

或是在出門前，先想一下這一天要去什麼場合，那麼穿上哪一雙鞋才合適呢？多想一點，一整天的得體能讓你愉快一天。

書架上的書，並不是擺上去就好，你可以依據書背的顏色來決定如何排列。這個書背顏色的書旁邊配哪種書背顏色的書好呢？這也是練習配色的好玩小遊戲。
居家的擺設，非得一成不變嗎？

自己試著每隔一段時間就改變家中的擺飾與風格，給視覺不時來點新鮮感。有時候也許不需要做大改動，在路上看到某個喜歡的小擺飾，回家擺上也能有好心情。

以上種種都是舉手之勞，一點也不麻煩。從簡單的動作做起，「美感」的養成，就是在生活中的一點一滴。

去上畫畫課

除了在日常生活中觀察美來培養美感，你也能自己創造美，為生活增添美感。

有人說彩妝師就是在人的臉上作畫，運用色彩來改變一個人的容貌。那麼試著用畫筆將色彩鋪陳在畫布上呢？轉換另一種創作方式，也是一種「美」的練習。

我有個朋友，多年來為了懷孕飽受挫折，有一回我看她因為流產而心情不好，便對她說：「我們去上畫畫課好嗎？」我認為畫畫能幫助她轉換心情。

還記得在畫室創作時，一向喜愛黑白色調的我，畫出了用鮮豔色塊所組成的普普風抽象畫，而我的朋友則畫出了陰暗沉重的色調。

我問朋友：「妳畫的是什麼？」

她說：「我正在看著我的子宮……」

朋友的說明讓我心驚，但我同時也明白，畫出這幅畫之後，她的鬱鬱寡歡會隨著每次揮動畫筆而一點一滴消逝。

畫畫課結束後，我將那幅在畫室完成的普普風畫作帶回家，隨意靠在白牆邊擺著。老公Tony回家後看到這幅畫說：「這幅畫畫得很不錯耶！很像大師的作品。」就這樣，如今這幅masterpiece成為我家的擺飾品，光是看著它，心情便會隨之好起來。

03

凡事立刻去做的 **Right Now哲學**

我的Right Now並不是一成不變的，而是靈活而有彈性的。
在工作上我能夠保持開放的心態，接受指教，改進自己的缺點。
並且隨時保持好奇心，發現到有興趣的事物，就找時間去學習。

CHAPTER 7

第七章

工作Right Now！生活也Right Now！

工作Right Now實踐術

……

我總是這麼認為：**一個人會不會成功，與自律和自我管理有關。**

對我來說，自律與自我管理就是Right Now，立刻去做。

五分鐘內立刻去做，與五個小時之後再去做，雖然都是做完了，但意義上是不同的。

問題要立刻解決，工作上是如此，生活上也是如此。

我原本就是個不拖延的人，但去倫敦念書之後，Right Now的習慣徹底養成。

當時我這麼告訴自己：我好不容易存了錢來英國念書，既然來了，我就要把握任何時間與機會學習，機會與時間稍縱即逝，不立刻抓住，就會從自己眼前溜走。

因此我在倫敦定了計畫表與作息表，按表操課。

在倫敦我並不是被環境改變，而是利用環境改變我自己。

回台灣後，Right Now習慣延續到如今。

在工作上，前面曾提到，去工作場合之前我一定會先化好妝、打扮妥當才到現場，絕不會到現場才坐下來化妝。

所有化妝用的工具使用完之後，我一定會立刻收得整整齊齊。

出國工作的行李箱，每一樣東西都有固定擺放的位置。用完之後放完原位，之後整理上就一點也不麻煩，隨時都可以ready to go！

但我的Right Now並不是一成不變的，而是靈活而有彈性的。

在工作上我能夠保持開放的心態，接受指教，改進自己的缺點。

並且隨時保持好奇心，發現到有興趣的事物，就找時間去學習。

在第四章曾提過，每天晚上在洗澡時，我都會回想自己這一天做了什麼事，說了什麼話。

這也是Right Now習慣中重要的一環——今日事今日畢。

今天的煩憂與疑問，今天就給自己答案，因為明天還有明天的煩惱。

生活Right Now整理術

⋯

我的生活Right Now整理術，有的人可能會認為：這樣我怎麼可能做到？

當你養成了習慣，就一定可以做到。

大多數人工作累了，一回到家，就立刻往沙發一躺、電視一開，接著就看電視看到甘願了才去做該做的事。

如果是我，一回到家再累我都會先去打理我的生活。

該洗澡就先洗澡；吃完飯，杯筷碗盤立刻洗，不放在桌上或堆在洗碗槽裡。

掉到地上的食物碎屑或毛髮，立刻撿起來丟掉。

當天的垃圾，如果可以就當天倒掉。

還有出國一回到家，不管有多晚、有多累，我都會把行李箱整理好，把衣服洗好晾好之後才去睡覺。

平時用的包包，裡頭的東西也要分門別類裝好。

我們常看到有些人把手伸進包包裡找東西，撈了許久還是找不到，如果事先做好分類，就不會浪費時間找東西。

為什麼我會對於生活上的整理這麼執著？因為我曾看過成功人士，他們的生活總是井然有序、一絲不苟。

有一回我跟一位成功女性出國工作，我看到她一到飯店房間，就拿出一條乾淨的小毛巾鋪在梳妝台上，再把所有分裝好的保養品，一個個在毛巾上擺好。一罐罐分裝的保養品，還用夾鏈袋裝好，袋子上寫著保養品的用途。

我看到這個情景感到震撼，並且心想：人家會成功真的有道理。

能打理好自己的人，才有能力把家庭和事業打理好。

而他們用過的浴室，也都維持著整潔，例如洗完手之後，會順手拿洗手檯旁的小毛巾把檯面擦乾淨。

現在的我也會這麼做，不只是洗手檯的檯面，連地上的頭髮我都會撿起來，讓與我同住的另一個人也能用到乾淨的浴室。

飯店裡的垃圾我也不會隨處放，會用個塑膠袋包好再放在垃圾桶裡。

離開飯店之前，枕頭與床單也都分別歸位與鋪平。

這些小細節，每一點都不能馬虎。

還記得有一次去一個攝影棚，我一進廁所嚇了一大跳，攝影棚的馬桶也太髒了吧！讓人去上廁所上得很不舒服。

那天拍攝到一半，助理跑來跟我說：「淑玲姐，廁所的馬桶是妳刷乾淨的對不對?!」

我說：「對啊，我就順手把馬桶刷一刷了。刷乾淨了大家使用起來舒服，不是很好嗎？」

從居家生活到工作場所，再到休閒度假場所，不管是哪種場合，我的Right Now堅持無所不在。

這些都不是做給別人看，而是為自己所做的堅持。

當你看到比你有成就的人，他們仍然堅持著謹慎與原則，如果你對他們的成就心嚮往之，就該在各種細節上逼自己，而不是輕易放過自己。

這本書我不教你如何把妝化好，而是告訴你我的做事原則與人生觀

如果你讀這本書是想學到我的化妝技巧，那麼你應該會感到失望。

這本書我只想告訴你——我之所以能有現在的能力，二十多年來的心路歷程與故事。

我不是天才，也不走捷徑，而是靠努力得到了許多人認為難能可貴的工作經驗，才造就了現在的我。

跟這麼多成功的人一起工作，我百分百確定——成功沒有僥倖。

希望我的學習與工作歷程，能帶給你一些信心，並且讓你相信自己能實現夢想，達到目標。

人生路途中還有更多美好的風景能體會，我不想錯過它們，因此直到現在我仍然不停止學習，並且在適當的時刻歸零自己，訂定新的目標。

同時，期盼正在讀這本書的你，也能見到心中理想的人生風景，並且優游其中。

KEVIN AUCOIN的作品集

這本是我早期買的，一些國外的作品其實不太告訴你化妝的過程，如果說解析整個化妝過程這方面的工具書日本是最厲害，但有時公式化的分析方式，少了一些溫度，看完總還是不知道怎麼畫。

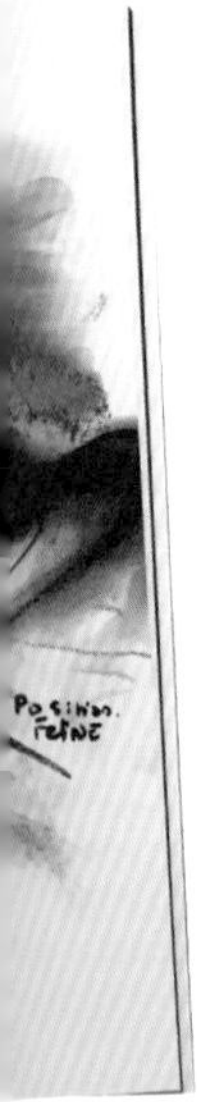

SERGE LUTERS作品集

我經常買許多書與雜誌，看久了照著畫，但覺得不對，那還是別人的創作。接著我開始買一些作品集，觀察手稿、妝容的光線，當化妝師在進行一個作品時，他應該就知道拍攝時光線要怎麼打，模特兒的姿勢要怎麼呈現，我好像要挖掘每一個作品的故事一樣，仔細探索所謂化妝的美學。

Art

● 彩妝寶典私藏

成為一種藝術

MAKE UP FOR EVER
創辦人 DANY SANZ 的作品集

他以前是建築師，不是化妝師，看他的手稿是戲劇性的彩繪方式，再對照他畫完的完成品，你會知道他的創作歷程。化妝如果最後的呈現都是「畫漂亮」，久了就會覺得疲憊、無聊。任何一項工作，或者人生走到一個階段，你會希望跟「藝術」有關。

PM 12:30
前往下一個工作地點。

PM 13:00
幫模特兒上妝。

PM 14:00
拍攝中確認拍攝畫面。

PM 15:00
更換造型。

PM 16:00
拍攝中再度
調整細節。

Working Day

● 簡淑玲的每一天

彩妝師的工作日常

AM 8:00
準備化妝用具。

AM 8:30
幫模特兒進行妝前護理。

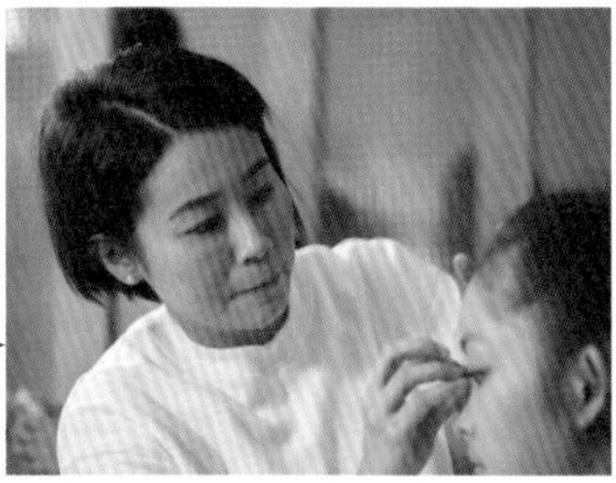

AM 9:00
調整妝容。

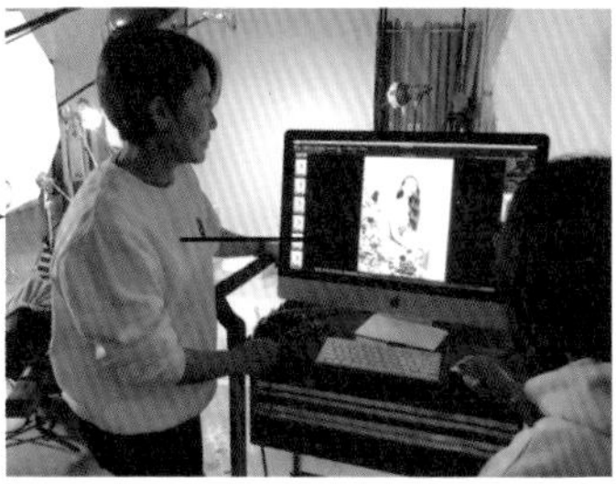

AM 10:00
確認妝髮效果。

PM 12:00
工作結束，
趕往下一場工作。

6

多閱讀，養成看書的習慣，
充實自己的心靈內在。

7

工作前請事先
做功課，準備好資料，
方便與客戶溝通。

8

好好利用空閒
時間，可以參加一
些**進修**課程。

9

每年安排自己去**旅行**，
除了休息放鬆，
也要看看當地的展覽。

10

想到就去做，
Right Now！

● **簡淑玲的重點筆記**

Right Now工作守則

1

工作一定要守時不能遲到，
並且守信用，
有**承諾**就必須做到。

2

鍛鍊身體，保持**好體力**，
化妝箱10—15KG要扛得起。

3

工作時要**多做事，**
少説話。

4

注重自己的體態儀容，
服裝整齊乾淨，尤其是
手部指甲的清潔。

5

「工欲善其事，
必先利其器」，
愛護自己的用品
及筆刷，必須時常
清理保持整潔。

Creative 146

Right Now 簡淑玲的立刻學：
成就夢想，面對弱點，突破瓶頸的實踐之路

填回函雙重禮
①立即送購書優惠
②抽獎小禮物

作　　者｜簡淑玲
文字協力｜蔡曉玲
企劃協力｜余佳嘉
出 版 者｜大田出版有限公司
台北市一〇四四五 中山北路二段二十六巷二號二樓
E-mail｜titan3@ms22.hinet.net　http://www.titan3.com.tw
編輯部專線｜（02）2562-1383 傳真：（02）2581-8761
總 編 輯｜莊培園
副總編輯｜蔡鳳儀
行銷企劃｜陳映璇／王羿婷
校　　對｜黃薇霓／金文蕙
內頁美術｜JS
初　　刷｜二〇二〇年八月一日 定價：四五〇元
總 經 銷｜知己圖書股份有限公司
台　　北｜一〇六 台北市大安區辛亥路一段三十號九樓
TEL：02-2367-2044／2367-2047 FAX：02-2363-5741
台　　中｜四〇七 台中市西屯區工業三十路一號一樓
TEL：04-2359-5819 FAX：04-2359-5493
E-mail｜service@morningstar.com.tw
網路書店｜http://www.morningstar.com.tw
郵政劃撥｜15060393（知己圖書股份有限公司）
印　　刷｜上好印刷股份有限公司
國際書碼｜978-986-179-589-8　CIP：783.3886/109000882

國家圖書館出版品預行編目資料

Right Now 簡淑玲的立刻學／簡淑玲著．
——初版——臺北市：大田，2020.08
面；公分．——（Creative；146）
ISBN 978-986-179-589-8（平裝）

783.3886　　109000882